国家"双一流"建设学科
辽宁大学应用经济学系列丛书

青年学者系列

总主编◎林木西

辽中南城市群
产业集聚模式与效应研究

Study on Industrial Aggregation Mode and Effect
of Urban Agglomeration in Central and Southern Liaoning

雷智中　著

中国财经出版传媒集团

经济科学出版社
Economic Science Press

图书在版编目（CIP）数据

辽中南城市群产业集聚模式与效应研究/雷智中著.
—北京：经济科学出版社，2020.12
（辽宁大学应用经济学系列丛书. 青年学者系列）
ISBN 978 - 7 - 5218 - 2275 - 5

Ⅰ.①辽…　Ⅱ.①雷…　Ⅲ.①城市群 - 产业经济学 -
研究 - 辽宁　Ⅳ.①F299.273.1

中国版本图书馆 CIP 数据核字（2020）第 266564 号

责任编辑：李一心
责任校对：杨　海
责任印制：李　鹏

辽中南城市群产业集聚模式与效应研究
雷智中　著
经济科学出版社出版、发行　新华书店经销
社址：北京市海淀区阜成路甲 28 号　邮编：100142
总编部电话：010 - 88191217　发行部电话：010 - 88191522
网址：www. esp. com. cn
电子邮箱：esp@ esp. com. cn
天猫网店：经济科学出版社旗舰店
网址：http：//jjkxcbs. tmall. com
北京季蜂印刷有限公司印装
710 × 1000　16 开　13.75 印张　200000 字
2021 年 8 月第 1 版　2021 年 8 月第 1 次印刷
ISBN 978 - 7 - 5218 - 2275 - 5　定价：42.00 元
（图书出现印装问题，本社负责调换。电话：010 - 88191510）
（版权所有　侵权必究　打击盗版　举报热线：010 - 88191661
QQ：2242791300　营销中心电话：010 - 88191537
电子邮箱：dbts@ esp. com. cn）

辽宁省教育厅 2020 年度科学研究经费项目（青年项目）
（LQN202039）

总　序

　　本丛书为国家"双一流"建设学科"辽宁大学应用经济学"系列丛书，也是我主编的第三套系列丛书。前两套系列丛书出版后，总体看效果还可以：第一套是《国民经济学系列丛书》（2005年至今已出版13部），2011年被列入"十二五"国家重点出版物出版规划项目；第二套是《东北老工业基地全面振兴系列丛书》（共10部），在列入"十二五"国家重点出版物出版规划项目的同时，还被确定为2011年"十二五"规划400种精品项目（社科与人文科学155种），围绕这两套系列丛书取得了一系列成果，获得了一些奖项。

　　主编系列丛书从某种意义上说是"打造概念"。比如说第一套系列丛书也是全国第一套国民经济学系列丛书，主要为辽宁大学国民经济学国家重点学科"树立形象"；第二套则是在辽宁大学连续主持国家社会科学基金"八五"至"十一五"重大（点）项目，围绕东北（辽宁）老工业基地调整改造和全面振兴进行系统研究和滚动研究的基础上持续进行探索的结果，为促进我校区域经济学学科建设、服务地方经济社会发展做出贡献。在这一过程中，既出成果也带队伍、建平台、组团队，使得我校应用经济学学科建设不断跃上新台阶。

　　主编这套系列丛书旨在使辽宁大学应用经济学学科建设有一个更大的发展。辽宁大学应用经济学学科的历史说长不长、说短不短。早在1958年建校伊始，便设立了经济系、财政系、计统系等9个系，其中经济系由原东北财经学院的工业经济、农业经济、贸易经济三系合成，财税系和计统系即原东北财经学院的财信系、计统系。1959年院系调整，将经济系留在沈阳的辽宁大学，将财政系、计统系迁到大连组建辽宁财经学院（即现东北财经大学前身），将工业经济、农业经济、贸易经济三个专业的学生培养到毕业为止。由此形成了辽宁大学重点发展理论经济学（主要是政治经济学）、辽宁财经学院重点发展应用经济学的大体格局。实际上，后来辽宁大学也发展了应用经济学，东北财经大学也发展了理论经济学，发展得都不错。1978 年，辽宁大学恢复招收工业经济本科生，1980 年受人民银行总行委托、经教育部批准开始招收国际金融本科生，1984 年辽宁大学在全国第一批成立了经济管理学院，增设计划统计、会计、保险、投资经济、国际贸易等本科专业。到 20 世纪 90 年代中期，辽宁大学已有西方经济学、世界经济、国民经济计划与管理、国际金融、工业经济 5 个二级学科博士点，当时在全国同类院校似不多见。1998 年，建立国家重点教学基地"辽宁大学国家经济学基础人才培养基地"。2000 年，获批建设第二批教育部人文社会科学重点研究基地"辽宁大学比较经济体制研究中心"（2010 年经教育部社会科学司批准更名为"转型国家经济政治研究中心"）；同年，在理论经济学一级学科博士点评审中名列全国第一。2003 年，在应用经济学一级学科博士点评审中并列全国第一。2010 年，新增金融、应用统计、税务、国际商务、保险等全国首批应用经济学类专业学位硕士点；2011 年，获全国第一批统计学一级学科博士点，从而实现经济学、统计学一级学科博士点"大满贯"。

在二级学科重点学科建设方面，1984 年，外国经济思想史（即后来的西方经济学）和政治经济学被评为省级重点学科；1995 年，西方经济学被评为省级重点学科，国民经济管理被确定为省级重点扶持学科；1997 年，西方经济学、国际经济学、国民经济管理被评为省级重点学科和重点扶持学科；2002 年、2007 年国民经济学、世界经济连续两届被评为国家重点学科；2007 年，金融学被评为国家重点学科。

在应用经济学一级学科重点学科建设方面，2017 年 9 月被教育部、财政部、国家发展和改革委员会确定为国家"双一流"建设学科，成为东北地区唯一一个经济学科国家"双一流"建设学科。这是我校继

1997 年成为"211"工程重点建设高校 20 年之后学科建设的又一次重大跨越，也是辽宁大学经济学科三代人共同努力的结果。此前，2008 年被评为第一批一级学科省级重点学科，2009 年被确定为辽宁省"提升高等学校核心竞争力特色学科建设工程"高水平重点学科，2014 年被确定为辽宁省一流特色学科第一层次学科，2016 年被辽宁省人民政府确定为省一流学科。

在"211"工程建设方面，在"九五"立项的重点学科建设项目是"国民经济学与城市发展"和"世界经济与金融"，"十五"立项的重点学科建设项目是"辽宁城市经济"，"211"工程三期立项的重点学科建设项目是"东北老工业基地全面振兴"和"金融可持续协调发展理论与政策"，基本上是围绕国家重点学科和省级重点学科而展开的。

经过多年的积淀与发展，辽宁大学应用经济学、理论经济学、统计学"三箭齐发"，国民经济学、世界经济、金融学国家重点学科"率先突破"，由"万人计划"领军人才、长江学者特聘教授领衔，中青年学术骨干梯次跟进，形成了一大批高水平的学术成果，培养出一批又一批优秀人才，多次获得国家级教学和科研奖励，在服务东北老工业基地全面振兴等方面做出了积极贡献。

编写这套《辽宁大学应用经济学系列丛书》主要有三个目的：

一是促进应用经济学一流学科全面发展。以往辽宁大学应用经济学主要依托国民经济学和金融学国家重点学科和省级重点学科进行建设，取得了重要进展。这个"特色发展"的总体思路无疑是正确的。进入"十三五"时期，根据"双一流"建设需要，本学科确定了"区域经济学、产业经济学与东北振兴""世界经济、国际贸易学与东北亚合作""国民经济学与地方政府创新""金融学、财政学与区域发展""政治经济学与理论创新"五个学科方向。其目标是到 2020 年，努力将本学科建设成为立足于东北经济社会发展、为东北振兴和东北亚区域合作做出应有贡献的一流学科。因此，本套丛书旨在为实现这一目标提供更大的平台支持。

二是加快培养中青年骨干教师茁壮成长。目前，本学科已形成包括长江学者特聘教授、国家高层次人才特殊支持计划领军人才、全国先进工作者、"万人计划"教学名师、"万人计划"哲学社会科学领军人才、国务院学位委员会学科评议组成员、全国专业学位研究生教育指导委员会委员、文化名家暨"四个一批"人才、国家"百千万"人才工程入选者、国家级教学名师、全国模范教师、教育部新世纪优秀人才、教育部高等学校教学指导委员会主任委员和委员、国家社会科学基金重大项目首席专家等在内的学科团队。本丛书设学术、青年学者、教材、智库四个子系列,重点出版中青年教师的学术著作,带动他们尽快脱颖而出,力争早日担纲学科建设。

三是在新时代东北全面振兴、全方位振兴中做出更大贡献。面对新形势、新任务、新考验,我们力争提供更多具有原创性的科研成果、具有较大影响的教学改革成果、具有更高决策咨询价值的智库成果。丛书的部分成果为中国智库索引来源智库"辽宁大学东北振兴研究中心"和"辽宁省东北地区面向东北亚区域开放协同创新中心"及省级重点新型智库研究成果,部分成果为国家社会科学基金项目、国家自然科学基金项目、教育部人文社会科学研究项目和其他省部级重点科研项目阶段研究成果,部分成果为财政部"十三五"规划教材,这些为东北振兴提供了有力的理论支撑和智力支持。

这套系列丛书的出版,得到了辽宁大学党委书记周浩波、校长潘一山和中国财经出版传媒集团副总经理吕萍的大力支持。在丛书出版之际,谨向所有关心支持辽宁大学应用经济学建设与发展的各界朋友,向辛勤付出的学科团队成员表示衷心感谢!

林木西

2019 年 10 月

序　言

　　伴随东北老工业基地再次振兴，辽中南城市群在东北区域内、在环渤海经济区的重要作用尤为突显，已经成为东北地区经济中心并引导该地区经济进一步发展。辽中南城市群具有扎实的工业基础，并且在研发制造方面有很明显的优势，需要强化当地的产业集聚模式，形成更加明显的优势，吸引更多的外来投资，使全球的制造业向我国东北地区转移，形成东北亚地区的产业技术集聚地，从而促进东北老工业基地的振兴。辽中南城市群为此必须要进一步调整产业结构，深入研究影响产业集聚的相关因素，提出相应的产业集聚策略，实现资源的合理利用，形成完善的产业集聚模式，保障辽中南城市群长期稳定发展，全面促进区域产业结构优化及经济增长。

　　本书参考了城市群产业集聚的大量理论，结合辽中南城市群的产业结构现状，构建出产业集聚水平模型，利用产业集聚水平的测算，对区域的产业专业化、多样化水平进行定量的分析，从而确定更有效率的产业集聚模式，实现城市群经济的进步和综合实力的全面提升。通过对辽中南城市群进行全面深入的研究，从而分析出较为合理的产业集聚模式保障区域的经济效益，合理配置各种资源使其发挥最大的潜在价值，从而推动区域经济实力的发展。从产业的多样化、专业化集聚水平着手进行相关的测算，结合辽中南城市群 1997 ~ 2015 年的真实数据，结合 ISA、IDA 指数定量验证该区域的产业集聚效果。然后通过赫芬达尔指数倒数的方式得出该区域的产业多样化的集聚指数，从而真实地描述该区域产业的多样化水平，再结合产业专业化的指数综合验证该区域的优势产业集聚的程度。

本书通过把辽中南城市群与我国的其他城市群进行比较，对产业集聚水平进行具体分析，从而建立产业集聚与经济效益间的关系模型，为该城市群的产业集聚模式提供最有价值的依据。不仅如此，通过此研究还可以为城市群产业集聚理论、产业集聚与经济发展契合理论等提供科学的数据信息，有利于制定更加可行的政策。产业集聚直接决定了城市群的经济发展状况，本书通过对该区域的产业集聚与经济发展契合关系进行相关的计量检验，从而找出该区域最有效的产业集聚模式，并以此作为产业结构调整的目标，为辽中南城市群的经济发展做出合理的指导。

主要结论如下：（1）产业多样化集聚对辽中南城市群第一、第二产业集聚效应不明显，对第三产业产业专业化集聚效应明显。要提升第三产业服务水平，提高第三产业专业化程度。（2）辽中南城市群等经济增长率较低，产业多样化集聚水平要保持在合理区间之内，增加投入，提高资本和劳动结合的效率。（3）辽中南城市群产业优势突出但整体产业的多样化水平不足，需要通过政策支撑深化产业间互联，利用产业优势吸引、促进各类要素和构建多元产业结构，发挥劳动力人口优势，从而构建区域内多元的产业结构及高水平发展模式。（4）辽中南城市群有必要推进区域产业分工与合作，从城市群的角度进行统筹规划，实现区域内的资源整合与优势互补，发挥市场在资源配置中的基础性作用，促进生产要素在区域内的流动与优化配置。（5）辽中南城市群内部协调性较差，经济发展的关联性水平不高。需要通过调整发展互补性的产业，增强沈阳、大连等中心城市的辐射能力，还要加强营口、盘锦、抚顺、鞍山、本溪等城市之间的经济联系力。

雷智中

2019 年 5 月 10 日

目 录

第一章

绪　　论

第一节　问题的提出

辽中南城市群与珠三角城市群、长三角城市群、环渤海城市群等形成了我国四大沿海城市群。辽中南城市群在环渤海经济区也发挥着重要的作用，已经成为东北地区的经济中心并引导该地区的经济进一步发展。伴随着老工业基地的产业振兴，还带动一批新的产业集聚于此。集聚的产业中资源型产业占有很大一部分，比如煤炭产业、钢铁产业、石化产业等大大推动了城市群的经济发展。在东北地区进行结构调整以及技术升级的过程中，装备制造业也显示了其新的发展优势，能够在城市群内与各产业相互合作和谐发展。沈阳、大连等城市不断发展高新技术产业也在一定程度上壮大了城市群的规模与实力。但是在城市群的内部仍需要各产业的协同合作，加强经济发展要素的流动性，使资源得到有效的分工、利用，共同搭建稳定的基础设施以及可共享的信息平台。该区域在对资源的有效利用与生态环境的保护上仍承受较大的压力。在这种环境下，要实现老工业基地的经济振兴，就必须要进一步调整产业结构，实现资源的合理利用。

区域内形成新的产业集聚顺应了经济全球化、区域经济一体化的发展趋势。从 20 世纪 90 年代起，经济全球化的市场环境也推动了区域经济一体化的形成，在这个过程中也必定会在一定的区域内吸引新产业的集聚，通过集聚产业的高素质、高水平、高科技发展推动该区域的经济进步；或者进一步完善优势产业的集聚程度，从而提升区域在市场中的核心竞争力。随着经济全球化以及区域经济一体化进程的不断加快，主要依靠沈阳、大连发挥带动作用的辽中南城市群要取得经济实力的提升就应当快速加入全球生产模式，在国际市场上明确分工，不断寻求国内外企业的互助共赢。要完成这种发展计划，应当充分合理利用产业集聚的价值，打破传统的低效率的分工模式。首要任务就是在该城市群内进行经济资源的有效整合，确保技术、资金、人才的流动性，形成经济发展要素的优化组合，从而形成城市群体的资源优势并提升整体实力。这样才能够适应当前的经济市场环境，寻求更多的发展机遇，确保经济实力产生质的飞跃。

20 世纪的 80 年代，我国就形成了京津冀城市群、珠三角城市群和长三角城市群，这三个城市群也成为我国经济发展的引领者，形成我国的"三个增长极"。尤其是珠三角和长三角两大城市群，其产业结构从传统的单体发展快速转变为群体发展，竞争市场逐渐扩大到国际市场中，在对人力资源进行合理分工的基础上，通过不断协作与合理配置，逐渐形成了产业集聚的巨大优势，不仅稳固了该城市群的市场竞争地位，还带动区域内各城市的共同进步。受到体制、资源、地域等因素的影响，辽中南城市群的综合实力要远远低于京津冀城市群、珠三角城市群和长三角城市群，其中产业结构的配置不合理是导致其落后的主要原因。近年来，我国又形成了胶东半岛、厦漳泉三角区等新兴的城市群，它们与三个城市群吸引了国内外越来越多的资源，使辽中南城市群在产业资源发展上更加艰难，也不利于老工业基地的经济振兴。这样看来，辽中南城市群应当采取措施提升区域内各种资源的协作水平，为区域的发展打下坚实的基础，使该区域发展成我国"第四增长极"。

形成完善的产业集聚模式是保障辽中南城市群长期稳定发展的核心。尤其是进入 21 世纪以来，全球的经济形势不容乐观，市场竞争日益严重，但是中国的劳动人口众多、资源丰富表现出较低的生产成本，这一优势在国际市场中很快显现出来，再加上市场准入制度的放松，越来越多的国外企业将产业转移至我国。

现阶段，我国区域竞争的形式已经从原来的内部企业、产业、城市间的竞争逐渐转变为区域间的整体实力竞争，竞争的因素也从传统的规模、税收以及劳动力等方面的优势渐渐发展为对投资环境的竞争以及配套的基础设施的竞争等。在当前环境下，外商投资企业不断增加规模，再加上各区域日益良好的投资环境，外商在选择投资区域时也有了多种选择。

辽中南城市群具有扎实的工业基础，并且在研发制造方面有很明显的优势，加上其地域的特殊性，是与韩日等国有近距离的先天优势的地区，有利于资金的流通、产业的集聚以及技术的扩散。但是，由于辽中南城市群受到政治、体制等因素的影响使得各城市的政策法规不统一、不严谨，市场比较分散，投资成本较高，另外还存在严重的重复建设现象，使产业多为缺少高质量、多样化的产业，这些都在一定程度上限制了外商的投资发展。面对这种现状，辽中南城市群需要强化当地的产业集聚模式，形成更加明显的优势，吸引更多的外商，使全球的制造业向东北地区转移，形成东北亚地区的产业技术集聚地，促进老工业基地的振兴。

改革开放后，虽然辽中南城市群的经济有了一定的发展，但是由于长时间受到体制机制等因素的影响，其产业结构的配置缺乏合理性，使得城市经济以及区域整体实力均落后于其他城市群。

全面分析各种落后因素，核心在于产业结构以及组织方式的不合理。该城市群的产业结构分别是重、轻、农序列，这也与我国的产业赶超计划保持一致，但是该区域的工业产业水平较低，缺少高新技术的深加工，同时轻工业、工业以及服务业等不受重视，发展较为落后。在产业组织方式上，以国有大中型企业为主，中小企业缺少良好的发展空间。在政府主导的前提下，使得产业的经济效率持续低迷，产业严重趋同化，不能发挥产业集聚的真正价值。

随着当地经济战略的不断调整，该区域的产业集聚模式有了一定的进步，同时还取得了良好的经济效益，并且在这个过程中传统的矛盾也得到了有效解决。但是区域中大部分城市只进行了表面的调整，缺少科学合理的整体规划，不能有效地进行资源整合，所以结构调整的效果不明显，仍不能改变低水平的经济合作模式。

本书选取辽中南城市群为研究对象，在 1997～2015 年的面板数据的基础上，利用面板空间计量模型，分析各行业对产业集聚的影响及对经济增长所做的贡献，从而确定能够推动区域经济进步的优势产业，有利于产业的进一步集聚。

第二节　研 究 意 义

一、理论意义

城市群的发展态势决定了区域内经济增长的形势，产业集聚的合理性又决定了城市群的发展态势。本书选取辽中南城市群作为研究对象，将其与我国的其他城市群进行比较，对产业集聚模式进行具体的分析，从而建立产业集聚模式与经济效益间的关系模型，为该城市群的产业集聚模式提供最有价值的依据。不仅如此，通过此研究还可以为城市群产业集聚理论、产业集聚与经济发展契合理论等提供科学的数据信息，有利于制定更加可行的政策。

二、现实意义

辽中南城市群经济总量的贡献者主要集中在辽宁，该城市群的持续健康发展是振兴老工业基地的基础。产业集聚模式直接决定了城市群的经济发展状况，本书通过对该区域的产业集聚模式与经济发展契合关系进行相关的计量检验，从而找出该区域最有效的产业集聚模式，并以此作为产业结构调整的目标，为辽中南城市群的经济发展做出合理的指导。

第三节　研究方法

城市群的发展与产业模式的关系并不是新时期的产物，实际上它早已是区域和城市经济学中必然关注的问题。本书的研究是在借鉴了前人研究成果的基础上，做出更深入、系统的分析，进行更深层次的思考与研究。本书主要是通过理论与实证分析相结合的研究方法进行。

理论分析主要运用区域经济学、城市经济学、产业经济学和区域经济地理学的相关知识找出该区域产业集聚的成因及其发展趋势，并分析其发展过程及规律。在理论分析中，还借助图表、模型的方式对问题进行直观详细的说明。

实证分析是结合该区域的产业结构现状，借助相关的经济数据以及构建实际模型有针对性地分析其结构，并探索出该区域发展中产业布局存在的一些问题。同样的，在实证分析阶段也涉及多种研究方法。例如，在分析城市群发展过程以及发展趋势时，需要运用定量法进行相关的研究，否则不能直观有效地解释其发展规律。在分析城市群发展中内部因素的相关关系时，需要采用定性分析的方法从而研究出影响因素间的关系。

第四节　基本结构与主要内容

本书参考了城市群产业集聚的大量理论，结合辽中南城市群的产业结构现状，从而构建出合理的产业集聚模式的模型，通过定量分析的方法研究各种模式下的经济效率，然后确定促进区域经济发展的最合理模式。深入研究影响产业集聚效应的相关因素，提出完善产业集聚模式的相应策略，全面促进区域的产业结构优化及经济的发展。

本书主要分为八章：第一章是绪论部分，主要包括问题提出、研究意义、研究方法和基本结构内容等方面阐述；第二章为国内外文献综述，梳理并总结国内外学者对产业集聚的相关研究；第三章是相关理论，分析产业集聚模式理论、产业集聚与经济增长理论、产业集聚与城市化共同演化理论等；第四章是辽中南城市群产业集聚基本情况及存在的问题；第五章是辽中南城市群产业集聚水平测度；第六章是辽中南城市群产业集聚效应分析；第七章分析了辽中南城市群产业集聚的影响因素及优化路径；第八章是促进辽中南城市群产业聚集的对策建议。

第五节　主要创新点及不足

一、主要创新点

在研究范围方面，本书首次利用产业集聚水平测算的方式，对区域的产业专业化、多样化水平进行定量的分析，从而更有效率地促进产业集聚，实现城市群经济的进步和综合实力的全面提升。

在研究对象方面，以往的研究文献主要侧重于对东部、华北地区、长三角等经济较发达地区的研究，但是本书则遵循国务院规划的新型城市群并以此为基础，对辽中南城市群进行全面深入的研究，从而分析出较合理的产业集聚模式保障区域的经济效益，合理配置各种资源使其发挥最大的潜在价值，从而推动区域经济实力的发展。本书重点分析了辽中南城市群的产业集聚模式与经济现状间的相互关系，由于不同的产业集聚模式对经济增长的促进作用有着不同的效果，因此要从中确定出最合理可行的产业集聚模式，刺激该区域进行产业结构的调整，优化布局，实现老工业基地的经济振兴。

在研究方法方面，以往文献的研究主要是通过建立传统的回归模型进行相关的研究，但是本书从产业的多样化、专业化集聚水平着手进行相关的测算，结合辽中南城市群在 1997~2015 年的真实数据，结合 ISA、IDA 指数定量验证该区域的产业集聚效果。然后通过赫芬达尔指数倒数的方式得出该区域的产业多样化的集聚指数，从而真实地描述该区域产业的多样化水平，再结合产业专业化的指数综合验证该区域的优势产业集聚的程度。

二、不足之处

本书通过查阅《中国城市统计年鉴》《辽宁统计年鉴》等获取相关数据并进行实证研究，定量分析辽中南城市群的产业集聚模式与经济发展之间的契合关系，也为该区域的科学稳定发展提供了最有力的依据。但是由于数据不能全面地反映真实情况，所以在定量分析时，对一些变量的控制不够精确，需要在以后的研究中进一步优化完善。

第二章

国内外文献综述

第一节　国内文献综述

一、关于产业集聚研究

在经济不断进步发展的进程中，产业集聚发挥着不容忽视的重要作用，这也引起了国内众多学者对产业集聚的关注与全面的研究。

第一，有些学者以产业集聚的特征为基础进行相关的研究。

范剑勇（2011）选取制造业中县级二位数行业与四位数行业的结构分布为对象进行深入的研究，通过行业基尼系数以及地区 Hoover 系数两个参数指标，对我国制造业的空间分布特点以及县级分布特点进行定量的分析，研究结果显示制造业中各行业在我国县级层面呈现不均匀分布，从县级层面的经济体来看，产业就更具有专业化的特点，两种指标都显示出较高的程度。李娜（2008）通过研究发现，我国食品制造业中的水产罐头制造业、黄酒制造业、冷冻水产品加工业等行业显示出了较高的空间集聚水平，而啤酒制造业、其他罐头食品制造业、代乳制品制造业等行业在空间集聚上却表现不足，饮料制造业的分布较为分散，空间集聚程度不高；袁丰等（2010）全面探究了苏州市区信息通信产业的集聚程度；毕秀晶（2011）通过全面收集上海市的软件企业数量规模，并以此为基础，采取 GIS 技术、社会网络分析等研究方法，得出结论：2002 年、2008 年该地区的软件产业从市中心逐渐转移至郊区位置，呈现了在郊区集聚的现象；郭思（2011）通过研究总结出上海临港已经构建了基本完善的企业网络组织，其中大型装备企业为组织的核心，其余配套企业为组织的外围企业。

第二，有些学者侧重于对产业集聚成因的研究。

从经济学的角度分析产业集聚形成的原因：邱成利（2001）结合新经济地理学的有关理论，坚信制度的创新能够在一定程度上降低交易成本，而且交易成本的下降也是形成产业集聚现象的主要原因；梁琦（2004）利用建模的方式，在遵循主流经济学的基础上，全面分析影响产业集聚的主要因素；还有些学者通过建立相应的面板数据模型，从而更加直观地分析形成工业集聚的地理因素；产业集聚的程度受到市场潜力、本地市场发展空间、资源流通、技术外溢以及产品运输成本等因素的影响（张华等，2007；张明倩，2007；张萃，2011）；贺灿飞等（2006）受到累积效应的影响，通常情况下，外商更愿意对空间高度集聚、产业内关联性较强的产业进行投资；常跟应（2007）认为区域内外部环境以及政府部门的相关政策等主导了兰州工业的空间集聚水平；王俊松等（2009）认为区域内企业的规模、城市的经济水平、地方化的经济形势都在很大程度上决定了该区域内汽车企业的集聚水平；池仁勇等（2010）认为技术的不断发展也促进了行业集聚，使它与产业集聚的关系逐渐呈现准拟合型、滞后型和超越型；傅兆君等（2003）、任英华等（2011）认为知识、技术的溢出等现象加快推动了产业的空间集聚，这种现象还有利于形成区域的创新网络，并加强区域间工作人员的知识交流、信息沟通。

从地理学的角度分析产业集聚的形成原因：苗长虹（2009）结合演化经济地理学的相关理论知识进行研究，结果表明集聚形成的关键因素有市场需求的增加、分工更加细致、知识创造能力和扩散速度的加强。在这个过程中，政府的有效引导、地方企业家的涌现以及知识的快速传播是主要的原因。王缉慈（2009）研究显示，深圳正逐渐形成数字电视产业的集聚，因为深圳具有优越的创业环境，而且企业能够与相关的研究机构近距离沟通，再加上政府政策的大力扶持，已经初步形成了产业的集聚模式；曹休宁（2009）认为，通过合作创新能够实现低成本运行、创新知识和技术的共享，有助于加快产业的集聚；雷平（2009）认为我国电子信息制造业之所以没有形成良好的产业集聚，是由于不具备完善的价值链，同时马歇尔外部性并没有与相关产业形成较好的集聚效应和集聚优势。

第三，关于产业集聚经济效应的研究。

范建勇专家分析 2004 年中国市级地区、省级经济发达城市的就业密度（不含农业生产）保持着 8.8% 的弹性余地。我国的劳动生产率存在着一定的地域差别，造成这种差别的原因大多是由于人口就业密度不同以及高端人才资源分布不均匀。通过深入分析研究全部要素综合生产率以及县级资料，得知一个地区的专业化产业密度越大，该地区的全要素综合生产率越高，而多样化产业密度对生产率的提高不产生作用，却可以激发潜在技术的发展。杨向阳（2009）以某行业在某地区的生产力占全国综合生产力的比值、集中系数以及第三产业服务业的各项比例视为估测服务类型产业密集程度的方法，同类服务行业在一个地区越是密集，其整体生产率越高。刘修岩（2009）分析有关数据后认为，城市的人口就业率和除农业外产业的生产率有着一定关系。另外一部分专家直接分析行业集中对于地区经济发展的效应。张艳（2007）研究分析了产业集中创造的经济价值和地区人均生产总值之间的影响作用，结论证明产业集中大大有利于地区经济水平的提高。潘文清（2012）大致计算了中国 30 个省份的产业集中度，并测试了该指标对人均生产总值上升的影响，结果证明，在人才数目、资金资产数量、公共交通设施稳定的条件下，一个地区经济点的提升和某行业集中程度有正比例关系，但是这种关系也不是普通纯粹的线性关系。在某地区经济开发早期，产业集中可加快本地区经济发展，而当全要素生产总值达到一定程度时，产业集中对经济发展的催促作用降低。甚至对经济发展产生不利的影响。彭欢欢（2011）通过分析我国 30 个省份 1978～2008 年的统计数据得出，产业的区位集中和地区经济提升间保持着"威廉姆森效应"。对外开放三十年来，中国的经济提升表现出集中和分散共存的状态。刘修岩（2012）用人口密集程度当作经济集中程度的估量标准。通过实地考察发现，产业聚集除了对某城市的人均生产总值上升率有着"威廉姆森效应"外，并且对该地区全部生产要素综合生产率的上升也有类似作用。武力超（2011）分析了 1995～2008 年 14 年间全世界 80 多个国家的城市化程度与国民生产总值上升率的影响关系，也支持以上看法。吴晓明等（2016）研究了能源产业集聚对经济增长的影响。司增绰等（2017）对科技服务业集聚与制造业发展之间的关系进行了研究。刘鹏等（2017）研究认为产业集聚对 FDI 和城市创新能力具有显著影响。项文彪等、陈文锋等和张云飞分别研究了产业集聚与经济增长之间的关系，认为产业集聚会促进经济增长。

第四，产业集聚的影响因素研究。

产业集聚在产生阶段、发展阶段和展望阶段都会遇到各方面因素的阻碍和影响，这些影响有有利的，也有不利的。不同行业其发生产业集聚的因素也是各不相同的。樊秀峰、康晓琴（2013）采用 Panel-data 模型对山西省内 2006～2011 年 6 年间共计 28 个产业的集聚度数值的影响因素进行了长期跟踪研究[①]，发现产业集聚与城市体量经济规模运输成本、劳动密集劳动效率等都会产生非常紧密的联系，如果政府干预过于严重，则对产业的集聚会产生反作用。同时外商的投资水平对整个产业集聚的影响效果并不明显。王猛、王有鑫（2015）采用 2003～2011 年我国共计 35 个大中城市数据对城市文化产业集聚的影响因素进行了全方面的考察[②]，结果发现不同因素对城市文化产业集聚的影响有着非常

---

① 樊秀峰，康晓琴. 陕西省制造业产业集聚度测算及其影响因素实证分析 [J]. 经济地理，2013（9）.

② 王猛，王有鑫. 城市文化产业集聚的影响因素研究——来自 35 个大中城市的证据 [J]. 江西财经大学学报，2015（1）.

大的差异。席晓宇等（2015）对我国现阶段的生物医药产业集聚的影响因素进行了长期的跟踪研究①，结果表明我国现阶段的生物医药产业的集聚性和空间因素相关性非常紧密，同时指出政府的干预对于生物医药产业产生产业集聚的影响非常大，需要政府投入资金引进人才。李立（2016）经过长期的研究指出在产业集聚的过程当中物流运输成本和劳动力成本是不可忽视的因素②，同时，潘文卿、刘庆（2016）基于中国工业企业数据进行了长期的研究和探讨③，同时针对影响因子进行了针对性的研究。现阶段我国产业集聚正在不断发展，但是与之匹配的理论体系构建并不完善，所以有必要针对产业集聚和其影响因素进行针对性的研究，这对于我国今后的产业集聚有非常大的帮助。

第五，产业集聚模式研究。

近年来，随着产业集聚发展水平逐渐提高，产业集聚对经济社会发展影响效应逐渐凸显，产业集聚模式开始受到学者们广泛关注，并进行了深入研究（吴丰林等，2010；刘乃全等，2016；孙艳萍、胡开顺，2003；于斌斌，2016；吴福象、王新新，2011）。葛立成（2004）研究了产业集聚类型与城市化之间的内在联系，提出从纵向的产业专业化向横向的产业多样化进行转移。陈继海（2003）比较了世界各国产业集聚模式演化及发展趋向。赵伟、张萃（2009）研究认为国内市场一体化会强化对外开放促成的制造业集聚模式。李佳洺等（2014）研究认为中国生产服务业中的各行业集聚模式存在差异，如信息服务业呈现首位城市集聚模式，而金融业呈现均衡分布的模式。学者们从不同行业视角对产业集聚模式进行了持续研究，分析产业集聚模式影响因素及构建等问题（曹允春，2013；吕承超、商圆月，2017；王先庆、武亮，2011；蔡森，2015；李艳波、郭肖华，2011；刘冰峰，2013）。

---

① 席晓宇，朱玄，褚淑贞. 基于空间计量的生物医药产业集聚影响因素研究［J］. 中国药房，2015（1）.

② 李立. 我国物流产业集聚的影响因素及发展对策研究［J］. 改革与战略，2016（8）.

③ 潘文卿，刘庆. 中国制造业产业集聚与地区经济增长——基于中国工业企业数据的研究［J］. 清华大学学报（哲学社会科学版），2016（1）.

二、关于城市群经济发展相关研究

第一，关于城市群形成和发展研究。

城市群包含有双核城市群与多核城市群，这些城市群中的发达城市间既存在着竞争关系，又存在着相互合作关系。一个城市群的良好发展，需要做到平衡好竞争、合作关系，完成实际上的市场操作分工，并在管理上整体化，有时需要市场开发策略统一。城市群的诞生历程中，需要摆脱区域政府部门的约束，才能真正实现地域间的和谐合作发展。王静（2011）认为，由于全球城市化水平的上升以及经济一体化趋势的发展，城市群极有可能朝国际化发展。王士君（2011）认为，城市群的前进应以组织框架、网络化、劳作分工、稳固关系为四大基点，进行适当的调节和完善。钱运春（2006）指出，由于外国资本的引入，发达城市构成的城市群更显得势在必行。王小鲁（2010）指出，城市群的产生经历中核心城市还有关键的带领作用，其余城市也有自己的贡献，对比来说，越是离核心城市近的中心城市，其未来的发展前景也越好。

第二，关于城市群的经济效应研究。

余静文（2010）对长江三角洲城市群、珠江三角洲城市群、京津冀城市群三大城市群在 2000～2007 年间的样本资料做了研究，结果证明，城市群的诞生对各个相关区域的生产力均有提升作用。方创琳（2011）指出，我国城市群的全要素投入的整体经济效率在 2002 年为 0.853，到了 2007 年降至 0.82，依照生产率的各个相关指标独立分析，可看出这段时间内只有规模效率指数稍有提升，其余的所有要素整体生产率指数、单要素技术效率指数等都大大下滑。万庆（2015）对我国二十多个城市群的全要素生产效率做了分析，分析了城市群的发展进程以及全要素综合生产率的变化状况，以所有要素共同生产率为因变量，对城市化要素进行了逐项分析，包括人才投资、物力投资、土地资源投资以及其他能源投资。结论表明，对城市群的城市化进度起最重要作用的是该城市群的产业框架组成以及科学技术水平。总之，科技的前进与创新才是城市群所有要素综合生产率上升的关键所在。李红锦（2001）指出，珠江三角洲城市群中的城市，比周边的中小城市的整体社会生产率更高。王春超（2011）通过分析研究了城市群的城市间协调机构的产生，指明了城市群在什么样的条件下更有生产效率。结论认为，城市群协调机构的产生，大大转变了区域政府部门的预先计划，促进了城市间的和谐发展，稳固了合作关系。同时含有不同劳作、分工优势各异的城市群，往往能创造更显著的经济效率，珠江三角洲城市群的三个城市就符合这样的特征，因此在我国所有的城市群中，全要素综合生产率更高。

第三，关于产业集聚与城市群效率之间关系的研究。

柯善咨（2010）指出，城市群的经济开发存在增长极的规律，还有延伸发展以及循环效应的特征，这一点在地级城市间很明显。行业间的联系是城市群发展经济的关键，行业密集状况对城市群的全要素生产效率有着重要的积极作用，城市群的未来是以实际的产业价值作为根本。方创琳（2008）强调，城市群产业结构的完善一直是以对产业链研究为指导思路，比如，在分析湖北省城市群的产业结构时，倡导"拓展十大主力产业，创造具有经济价值的十五个产业密集群以及七个专门行业带"。中原地域的城市群和珠江三角洲城市群比起来，其产业链组成简单，运行模式不科学，经济结构不稳定。关中城市群也有相似的这些缺点。郝俊卿（2013）研究得出，关中城市群从中心区域到周边区域产生了资本科技集中产业区、人力资源集中型生产区域、自然资源集中型产区。产生了行业在地理位置上的集中以及城市群级别相统一的地理效应。城市群的进步离不开各个生产单元，行业集中以便产生完整的产业运行链，这种产业在空间上的集中效应促进了城市群的经济发展速度。行业密集群的发展和城市群的发展保持着相互促进的作用。张莉萍（2015）对中部城市群的经济结构做了研究并分析了城市化水平，发现行业集中和城市群的促进作用确实能对我国中部城市群的开发有正面的影响。马延吉（2010）分析发现，地区行业集中和城市群的和谐开发提高了地区的经济水平。毋庸置疑，城市群的前进加大了行业的集中程度，但是行业的集中也提升了城市群的城市化水平。所以，产业、城市群二者间存在着彼此激励作用。洪娟（2012）、张云飞（2014）各自对城市群中的集中行业做了详细研究，得知城市群的行业区域集中和本地区经济提升间含有非线性联系。在对长江三角洲城市群的 25 个城市，在 1998～2010 年的资料，山东省 2003～2011 年的资料进行考察时，得出同样的论点。于斌斌（2015）分析了 2003～2011 年间，我国十大知名城市群的发展资料，同样研究了产业的地理区域集中的确对本地经济增长有着正面的督促作用，二者存有"U"形联系，还意识到了"门槛效用"。

第四，产业协同集聚与城市群空间结构互动的研究。

空间结构的演化直接影响产业集聚的发展，这两者之间的关系是相互影响、相互联系的。一方面，产业集聚的发展需要一个城市群的空间作为载体，产业要素的集聚会对整个城市群群空间的产业结构产生影响。另一方面，空间集聚的影响因素包括规模经济、经济体量、运输成本。这三个因素都跟距离有关系，所以空间结构的不断优化会显著降低整个产业集聚的成本，比如运输成本，使得经济主体能够缩短交易距离，形成时间和空间的自由流动，促进产业的集聚。陈国亮（2010）[①]、陈菁菁（2011）[②] 讨论了空间结构和产业集聚效应之间的联系，他们经过长期的研究后发现，不同产业之间的空间是相互补充的或者相互挤占的，不管是城市群群尺度还是单个城市群的尺度。陈国亮（2010）[③]指出制造业和服务性行业的双重集聚在时间序列角度上来看是一个不断演变的过程，两者相互作用力的大小能够体现出它们到底是互补还是相互挤占空间。同时运输成本在产业集聚当中占据了核心的地位，因为运输成本跟距离是息息相关的，运输距离越长，成本就越高，这对于产业集聚产生的负面作用是不可忽视的，在生产性服务业这个层面上，运输成

①③　陈国亮. 新经济地理学视角下的生产性服务业集聚研究 [D]. 浙江大学，2010.

②　陈菁菁. 空间视角下的生产性服务业与制造业的协调发展研究 [D]. 浙江大学，2011.

本的降低可以显著提升中央城市群的产业集聚形态。① 产业协同集聚有空间和产业两个属性，产业区位选择能够影响整个城市群群体的空间格局，城市群群空间格局的不断演化变迁，又会对产业协同集聚产生进一步的影响，从而形成了一种良性循环或者恶性循环的发展模式状态②。但是现阶段所拥有的协同集聚和空间结构的互动研究虽然加入了空间思维，但是由于产业之间彼此互动产生的相互挤占或者相互互补形成的空间形态的限制，对于两者之间的描述也仅仅局限于经验或者理论范畴，并没有把这个理论运用于实践，因为实用性比较低，所以很难进行推广。

第五，产业集聚对城市群生态环境的影响。

很多学者在研究过程中发现产业集聚会给一个城市的经济体量带来非常正面的影响，但是其带来的负面影响也是不可忽视的。其中比较典型的就是生态环境问题。杨仁发（2015）收集了 2004~2011 年 8 年期间我国共计 30 个省份的生态环境数据③，采用面板回归分析方法和实证分析方法分析了环境污染和产业集聚之间的关系，结果证明了产业集聚和环境污染之间的关系并不是简单的正比例或者反比例关系。产业集聚对生态环境的影响有非常强的门槛特点，当经济水平比门槛值更低的时候，在这个范围之内，产业集聚越高则会加大对生态环境的污染。产业集聚水平比门槛值更高的时候，产业集聚水平越高，则会让环境和生态污染水平显著降低。钱晓英、王莹（2016）采用耦合度模型和耦合协调度模型对北京、天津、河北三个地区的 2004~2012 年共计 9 年时间的产业集聚和生态环境之间的动态耦合情况进行了长期的研究④，同时还采用量化分析法分析了三者之间的关系。刘习平、盛三化（2016）经

---

① 陈菁菁. 空间视角下的生产性服务业与制造业的协调发展研究 [D]. 浙江大学，2011.

② 陈建军，刘月，邹苗苗. 产业协同集聚下的城市生产效率增进——基于融合创新与发展动力转换背景 [J]. 浙江大学学报（人文社会科学版），2016 (3).

③ 杨仁发. 产业集聚能否改善中国环境污染 [J]. 中国人口·资源与环境，2015 (2).

④ 钱晓英，王莹. 京津冀地区产业集聚与生态环境间的耦合关系 [J]. 统计与决策，2016 (3).

过长期的研究后指出产业集聚和生态环境污染水平之间的关系并不是正比例或者反比例关系[①]，而是存在一定的临界点及门槛值。经济水平在高于门槛值和低于门槛值之间所产生的生态环境污染指数大不相同，甚至可以说是截然相反。王兵、聂欣（2016）通过对河流水质监测点和开发区的地理位置信息进行分析，采用自然实验的方式，站在一个全新的角度来诠释产业集聚对生态环境的影响。在此基础上他们还提出了生态环境和集聚发展双赢的政策建议[②]。李筱乐（2014）、张可（2015）、刘习平（2016）等经过长期的研究和分析[③]，结果表明想要在产业集聚和生态环境之间找到一个最佳的契合点，就必须要分析它们的门槛值，这个门槛值可以让生态环境和产业集聚两者共同发展，使产业集聚发展的同时能够带动生态环境的发展。同时很多学者对不同产业集群之间的关系进行了横向和纵向研究，讨论了产业集聚与城市化产业集聚产业园区之间的关系，分析了中小企业集群和产业集群创新网络发展的问题，同时对产业集聚理论体系进行了进一步的补充和完善。

第二节　国外研究现状

一、关于产业集聚相关问题研究

第一，关于产业集聚形成机理研究。

经济学家克鲁金（Krugimn）将集聚这个名词释义为"在某个地理

[①]　刘习平，盛三化. 产业集聚对城市生态环境的影响和演变规律——基于 2003～2013 年数据的实证研究［J］. 贵州财经大学学报，2016（5）.

[②]　王兵，聂欣. 产业集聚与环境治理：助力还是阻力——来自开发区设立准自然实验的证据［J］. 中国工业经济，2016（12）.

[③]　陈建军，刘月，邹苗苗. 产业协同集聚下的城市生产效率增进——基于融合创新与发展动力转换背景［J］. 浙江大学学报（人文社会科学版），2016（3）.

区域内专门发展同类型产业"。经济领域关于此项的研究分析从 19 世纪初就开始了。杜能（Thunen，1826）撰写《孤立国》时就已经透彻分析了土地租费、生产区域间距以及农业种植分配间的联系，并引出了知名的"圈层布局概念"。韦伯（Weber，1909）编写《工业区位论》时阐述了制造性质行业公司在地理位置上的分配规律，第一次借用函数来描述制造性质产业集中的历程，并指出制造型产业公司的厂地选址和影响厂地面积大小的主要因素为生产、制造综合成本代价的多少。克里斯塔勒（Christaller，1933）在《德国南部的中心地》中重点指明了社会需求和产业的地理区域集中的相互影响很深远。分析内容多从行业的最佳布局结构着手，延伸阐述了经济朝着聚集发展的趋势现实。学者马歇尔（Marshall，1890）把集聚这种市场现状释义得极有说服力，在编写《经济学原理》时把"产业区"解释为某个投资商趋向于选择将来可以赚取周边经济效益的区域。并且，学者马歇尔（1890）对产业集中的种类型作了清楚的规划，也就是同种类型的产业在某一地理区域内产生很多公司，由此产生的"群聚"和不同种类行业集中在某一地理区域而诞生的"杂聚"。经济研究专家韦伯斯（Vembles，1996）创造了上、下游公司的纵向联系模型，描述了含有投资产出联系的上层公司和下层公司集中所带来的利润提升。学者艾里森和格莱泽（Ellison and Glaeser，1997）通过实地考察，收集充足的证据，分析美国硅谷制造性产业集中现象时，看到了有联系的上层、底层行业也存在集中的现象，并第一次引出了"协同集聚"这一名词。和同性质产业的企业集中比较起来，上下层有联系行业、生产制造业、社会服务等第三产业的协同集聚在实际市场运行中较为常见。斯蒂格勒（Stigler，1898）指出劳动分工是经济链条运行的根本法则。劳动的明确分工才能开启贸易活动，分工的确定、贸易活动的拓展象征着地区对外开放的模式，因此，同类型产业的地理位置集中是由于地区城市逐渐开放而随之诞生的市场经济趋势。知名学者克鲁格曼和藤田和夫（Krugman and Fujita）创造了经济区位学创新交易概念、地区对外开放观念，并以此作为分析主题，把集聚视为地理位置上的产业集中的经济领域现象。这和古典流派的纯粹竞争结构最大的不同是新经济区位流派侧重在回报递增和具备部分竞争条件下去阐述集中。专家克鲁格曼（2000）把集聚简单阐述为"某项经济行业生产最活跃的地理区域性特征"。

美国一些跨国企业对欧洲国家涉及直接投资，巴里（Barren）、佩因（Pain）拿这些产业面相关的数据为基础研究对象，从中总结出美国国内所从事的制造行业里的一些大型跨国企业在欧洲的直接投资对象多数为英、德两国。这也就确定了投资累积和地区政策在很大程度上吸引着 FDI，同时造成影响。吉马良斯等（Guimaraes et al.）针对葡萄牙国内的 700 多个涉及的 FDI 行业为参考依据，进一步地论证了实证投资累积经济是影响 FDI 的因素的主要方面。詹森（Jensen）同样以事实为依据并实地考察得出结论，也认定 FDI 给波兰当地的食品加工以及制造业领域的投资积累集聚产生直接的影响，而且更加说明了对外经济开放过程中比如当地的人文和交流等所产生的地区性差别、当地政策性差别也影响着产业内部的知识外溢和传播，以上事实总结出的论点对波兰当地的区域开放相关政策制定很有指导意义。克罗泽等（Crozet et al.）在针对法国 1985 年以后的 10 年间的 FDI 涉及的企业样本资料实证分析得出，集聚也即投资累积对 FDI 具有很强的吸引力，吸引力大多表现在各公司之间产出的知识外溢。藤田和夫等（Fujita et al.，2005）经过搭建以 NEG 为核心的两单位多种产业链构架，论证了区域性的贸易往来能够促使内部经济重新获取组织环境，因此使一些相关行业聚集发展。波特（Porter，1996）经分析研究把美国国内产业聚集成群（cluster）所表现出的状态，总结为美国当地有着很大程度的自由贸易往来，和国内州与州之间的投资限制度也较少，聚集成群的形成也有很多方面的一致性，比如人文交流、法律制度和文化差异等方面。波特的结论论证同时隐约说明了美国当地逐步开放政策对行业内聚集的发展产生着正面的影响。21 世纪初，藤田和夫收集中国 1985 年之后的 10 年间 GDP 以及产业层次表现出的数据，论证分析认同中国以东部以及东南方向沿海为制造加工行业集聚集散地，并且改革之后的对外开放政策和经济全球化是促进中国东部沿海制造行业聚集成群的主要成因。

第二，关于产业集聚与经济发展要素关系研究。

德弗鲁等（Devereux et al.，2004）经由英国某制造行业公司的实际考察分析研究，认同技术专业性不是很强的产业比如那些需要大量劳动力的产业，这种产业更易发生行业聚集。某学者更加倾向于研究韩国1983 年之后的 10 年各行业分布随着当地经济变化发生的聚集分散特性，得出韩国经历了产业各行业分散时期之后，当代行业又一次向聚集方向发展，并且所有的行业在都市与都市之间呈现出明显的空间聚集趋势，针对为何会发生这样的集聚现象，某些研究结论是依据经典文献的分析判断得出结论，也就是垄断体制条件下的收益上升，完全状态竞争下的外部特征和相互协助政策指引下的空间竞技。各产业集聚用我们常见的经济表现形式来说就是各商家集中布置在一起的生产状态，用抽象法来说明其特征就是资本与劳动力等生产过程中涉及的元素在空间里的汇集。这样就能够重新定义产业集聚的基本特性，也即是把生产相关的元素在地域上汇集在一起的过程。不过那些以往的地理位置理论全部依靠竞争的市场去分析货物运送路程和运送成本给生产的地理位置带来的影响，这些也就是 1991 年克鲁格曼在当时的不健全的市场竞争体制下创建收益渐渐上升的 NEG 经典的理论所体现的创新。马歇尔（1890）的著作《经济学原理》里面，重点提出了对地方区域性工业规划时所遇到的问题，假若商家要是看中并挑选了某一地理位置，劳动力就必须满足各种技术方面的需求，并且慢慢地延伸它的聚集区域，后渐渐发展成为新型劳动力密集场所，不过别的厂商若是有同样方面的需求的劳动力，也会挑选此区域作为自己的工业基地，所以就会演变成工业化的地方产业。藤田和夫更加细致地阐释了马歇尔的这一思想，把集聚在一起的凝聚力表达为各种生产元素的"滚雪球"，能够产生一定的聚集效应，会大量引发生产元素的累积，不过新的一些厂家就因为这样的具有专业化与多样性的生产元素需要挑选聚集地，因此新的劳动力就要因为工作报酬和工作适应度等方面的原因流向聚集地区，这样引发的结果就是不停的有新的商家来到此区域汇集。研究认为集聚经济所体现出的特征就是各种生产相关因素地理位置分布的结果。所以，可以把产业集聚总结成生产要素跨地区转向，从而完成地理位置集中的外在经济发展过程。

第三，关于产业集聚效应的研究。

马歇尔（1890）提出外部特性，第一次把类似的产业汇聚产生的原由总结为以下三方面也即是劳动力市场的共享化、节约外运成本、知识概念的外溢。它同时也给某些经济现象提供了理论依据，如外部性视角中阐述的单一产业汇聚现象。然而罗默（Romer）和阿罗（Arrow）再次用报酬逐步渐增的经济上升理论去给类似产业集中分布所完成的专业化提供解释依据。MAR 外部性，也就是我们常说的聚外部性，它相比于单一相关产业的汇集有着专业化突出的特性，早在 1969 年雅格布斯（Jacobs）重点说明了多种不同的产业在一起共同协作汇聚能够引发行业与行业之间的知识外溢，这样一来能够深化市场结构的进一步分工细化和产业构架的不断提升。她重点说明了共同生活在相同城市里面的人群，人们间的相互沟通与协作是促使知识理论流出的基础，并且核心支柱产业的外部表现形式给知识传递提供了基础，所以她认同多种产业的汇聚所产生的经济效益能够大大超过单独的产业汇聚。乔考布斯（Jocobs）的理论也分析了行业领域的汇聚竞争效应，分析指出汇聚所引发的竞争势必无可争议地提高知识水平、理论技术在企业行业里传播、引进和采用的速率。杜兰托（Duranton）和布加（Puga）重点指出了最有效果的知识外溢方式就是当面的沟通与协作，他们认同新的思路与信息好比公共产品的特性，有外溢的特征，所以企业为了使得这样的知识外溢更好地被吸收，逐步向汇集布局方向倾斜。齐格利（Qiiigley）更加深层次地用五个角度来论证城市化的进程对于多种行业汇集的经济效应产生的影响。小西秀男（Konishi）构造了普通的三区域均衡性模型，用理论阐述了城市化过程，它是以沿海经济的生产元素汇聚所形成的过程。他分析伴随着每个港口与港口区域间货物交易量的剧增，港口相关交易产生出的一定需求量也会不停的上升，比如航运量、装卸货物量等，进而导致相关的劳动力在码头汇集起来，同时推动了多种行业的滋生发展，产生了新型的港口现代化城市进程。波特的观点是以上"MAR 的外部特性"涉及同样行业集聚布局从而引发地方区域经济发展的论证，然后着重说明集聚过程里的更加复杂的市场竞争促成了地区性经济繁荣。

第四，关于产业协同集聚水平的测度方法的研究。

关于产业协同集聚水平量化测度指标的构建和选取，很多学者按照具体研究对象的不同进行了非常多样性的尝试。比如艾里森和格莱泽（Ellison & Glaeser，1997）[1] 和艾里森等（Ellison et al.，2010）[2] 构建的 E-G 指数、杜兰顿和奥维曼（Duranton & Overman，2005，2008）[3][4] 构建的 D-O 指数、斯蒂芬和埃里克（Stephen & Erik，2016）[5] 构建的 Colocalization 指数等。

（1）E-G 指数。最新提出来并且构建产业协同集聚水平测度指标的是艾里森和格莱泽（1997）[6]，E-G 指数的应用很具有多样性。罗森塔尔和斯特兰奇（Rosenthal & Strange，2001）[7]、巴里奥斯和施特罗布尔（Barrios & Strobl，2004）[8] 利用 E-G 指数分别采用欧盟和美国的制造业样本数据来了解整个产业集聚的情况。罗勇和曹丽莉（2005）[9]、路江涌和陶志刚（2006）[10] 等采用 E-G 指数对我国的相关情况进行了研究。但是，现阶段并没有几个文献采用 E-G 指数作为载体来研究服务业和生产制造业之间的协同集聚效应。

———————————

[1][6] G. Ellison & E. L. Glaeser. Geographic Concentrationin U. S. Manufacturing Industries: A Dartboard Approach [J]. Journal of Political Economy，1997（5）.

[2] Ellison，E. L. Glaeser & W. R. Kerr. What Causes Industry Agglomeration? Evidence from Coagglomeration Patterns [J]. American Economic Review，2010（3）.

[3] G. Duranton & H. G. Overman. Testing for Localization Using Micro-geographic Data [J]. Review of Economic Studies，2005（4）.

[4] G. Duranton & H. G. Overman. Exploring the Detailed Location Patterns of U. K. Manufacturing Industries Using Micro-geographic Data [J]. Journal of Regional Science，2008（1）.

[5] Stephen B. Billings & Erik B. Johnson. Agglomeration within an Urban Area [J]. Journal of Urban Economics，2016（91）.

[7] Rosenthal S. & Strange W. The Determinants of Agglomeration [J]. Journal of Urban Economics，2001（2）.

[8] Salvador Barrios & Eric Strobl. Industry Mobility and Geographic Concentration in the European Union [J]. Economics Letter，2004（82）.

[9] 罗勇，曹丽莉. 中国制造业集聚程度变动趋势实证研究 [J]. 经济研究，2005（8）.

[10] 路江涌，陶志刚. 中国制造业区域集聚及国际比较 [J]. 经济研究，2006（3）.

（2） D - O 指数。杜兰顿和奥弗曼（Duranton & Overman，2005，2008）①② 在非参数密度估计模型的基础上研究构建了 D - O 指数来研究和分析集聚效应数值，D - O 指数通常要采用比较准确的数据，同时假定厂商空间分布具备连续性，并且能够突破区域限制③；此外，这个指数的计算方式能够跟回归方程式联系在一起，能够有离散特征，能够采用离散模型来计算。即使 D - O 指数在目前的数据研究中比较精确，然而由于相对应的实用性不高，所以在我国并没有形成规模。

（3） Colocalization 指数。Colocalization 指数是斯蒂芬和埃里克（Stephen & Erik，2016）④ 在参考瓦萨斯坦度量的思想基础上构造的参数和指数，Coloc 指数数值的多寡和水平取决于 Wasserstein。通常来说，指数数额的高低和大小能够标示不同产业之间的相似性的数据差异。Coloc 指数数值的贡献是对 E - G 指数的弊端进行了修正，修正了 D - O 指数过于依赖厂商对距离导致的信息不一致的弊端。此外，由于 Coloc 指数可以解决现在频发的可塑性面积单元弊端，在分析集聚效应上很有效果。斯蒂芬和埃里克（2016）⑤ 采用 Coloc 指数对产业在城市内部相关效应机制进行了研究，跟 E - G 指数、D - O 指数这些成熟的指数相比，各个因素对城市内部产业协同集聚产生了明显的正相关关系，区别是系数数值的不一样。Coloc 指数对于原生数据的精确度要求很高，但是由于我国现阶段的国情，拿到精确的原生数据可能性非常小，所以实用性不强。同时，陈建军等（2016）⑥ 对通 E - G 指数和衍生出来的 γ 指数进行了比较，在样本误差范围内两者的系数相差达到了 0. 9409。

——————————

　① G. Duranton & H. G. Overman. Testing for Localization Using Micro-geographic Data ［J］. Review of Economic Studies，2005（4）.

　② G. Duranton & H. G. Overman. Exploring the Detailed Location Patterns of U. K. Manufacturing Industries Using Micro-geographic Data ［J］. Journal of Regional Science，2008（1）.

　③ 路江涌，陶志刚. 中国制造业区域集聚及国际比较 ［J］. 经济研究，2006（3）.

　④⑤ Stephen B. Billings & Erik B. Johnson. Agglomeration within an Urban Area ［J］. Journal of Urban Economics，2016（91）.

　⑥ 陈建军，刘月，邹苗苗. 产业协同集聚下的城市生产效率增进———基于融合创新与发展动力转换背景 ［J］. 浙江大学学报（人文社会科学版），2016（3）.

他们指出，Θ 指数跟上面几种指数相比，其优势在于能够同时反映高度和质量，较为全面，由于高度集聚的城市产业是优势主导产业，所以能够带动城市内部的集聚效应发展，显著提升集聚水平。

二、关于城市群发展的相关研究

第一，关于城市群形成和发展的研究。

哥特曼（Gottmann，1957）最先将城市群做了全面的分析，回顾了城市群的形成过程。在他的分析研究中，表明了在 1950 年左右，美国提升了城市化进程，八分之一的人口数量可以供给美国人民平时所需的各种农产品。正是由于这部分劳动力从农业方向流向其他方面，从而加速了美国形成了它的半城市化状态（semiurbanized status），同时也使城市群逐步发展起来。不仅在美洲的美国与加拿大呈现了这样的城市群，荷兰的鹿特丹与法国的巴黎也出现过类似的形成过程。藤田和夫和森喜朗（Fujita and Mori）经过分析后提出理论，城市人口上升的同时，城市呈现出多样化。因此会出现很多新兴的城市，并且数量也会不间断地上升。1991 年克罗农（Cronon）曾经针对美国芝加哥的发展做出了一定的阐述，在很短的几年内，很多小村落慢慢演变成大的城市，人口数量增长了 20 倍，城市面积也增加了几千倍。戈特曼和哈普（Gottmann and Harper）又一次发表文章重申了城市群这一理论。城市群逐步发展并扩大的同时，也增强了部分地域的经济互通互联，城市群的扩大超越了原来人们的传统概念，变成了所谓都市区域，也就是由一些城市和它们旁边的较小城市合成一些城市群，进而联合形成的城市群级别更高。莫雷尔（Morrill）在 21 世纪初研究提出，美国城市群主要有三个形成阶段，最初的时期是 20 世纪 50 ~ 70 年代，这一阶段，郊区化在美国得到了快速的发展，大多是由于"二战"之后，美国当地很多的农村居民转向城市生活。这一阶段美国的城市群所占有的面积由 30 多平方千米增至7000 多平方千米，人口数量同步增加，由 2000 多万人口增加了 1.5 倍。城市群的基础构成包含了最原始的中小城市、近郊区与远郊区。

　　第二，关于城市群经济效率的研究。

　　经济效率和城市群空间结构之间的联系的研究文献和理论涉及得都比较少，在较早的一些研究文献当中，主要是针对生产力和城市规模之间的关系进行研究。结果表明如果城市人口数量比之前增加一倍，那么城市经济的体量就会提升 5 个百分点到 15 个百分点（Sveikauskas，1975；Soroka，1984；Beeson，1987）。很多文献更多的研究方向是经济活动的密度和规模上，得到的结论是劳动生产力和城市规模之间的关系是成正比例的关系，也就是说城市规模越大劳动生产力也越高（Cervero，2001），有学者指出区域增长和城市规模发展的关键性因素（如 Ciccone and Hall，1996；Rosenthal and Strange，2004）。奇科内（Ciccone）对经济总产出情况进行了详细的研究和探讨，结果显示劳动生产率会随着就业密度的不断提升而提升，就业密度如果增加一倍，劳动生产率就会提高 6%，这就揭示了劳动生产率和劳动密度之间的联系。霍姆（Pmd' Hoimne）对韩国、法国等几个国家的城市数据进行了统一分析和探讨，对通行速度、劳动力合法性和城市规模三者之间的因素对一个城市区域经济批量产出的影响，指出一个交通设施完善的基础设施能够显著提升整个城市的经济体量；切尔韦罗（Cervero，2001）通过实证分析法分析了美国 47 个大城市的横截面数据，其研究结果表明城市首位度和就业密度和劳动生产率之间的关系是正比例关系，这个假设验证了集聚经济的假设是城市的规模和劳动力生产力之间的关系并不是非常紧密，和之前奇科内和霍尔（Ciccone and Hall，1996）的研究结果差不多。李和戈登（Lee and Gordon，2007，2011），梅杰斯和伯格（Meijers and Burger，2010），以及法拉赫等（2011）研究了大城市对经济发展和空间结构的影响。法拉赫等（Fallah et al.，2011）对大城市的扩张强度进行了调查，指出了大都市的扩张强度与生产力水平之间的关系，经过研究，结果表明这两者之间呈比较明显的反比例关系。李和戈登（2007）对经济活动和空间结构之间的关系进行了研究，同时采用了 1990 年至 21 世纪初期的数据来进行研究，指出空气结构对就业率增长的关系与城市规模息息相关。如果城市规模比较小的时候，就业规模的增长就会比较快，但是他们这个研究也有显著的局限性，更加体现的是大都市的作用，对于中小城市的研究则没有涉及。这个结果在后面的研究当中获得了印证，研究当中把企业的增加数量作为经济体量增长的代表指标（Lee and Gordon，2011）。梅杰斯和伯格（2010）的研究是在李和戈登的成果基础上得出来的，他们之间的研究仍然以美国大城市作为研究对象，选取 21 世纪初期的劳动生产率作为研究数据，结果显示分散并没有对劳动生产率产生不良影响，大城市和中心区则更能凸显这一点，但是多中心区对都市规模的正向影响产生了相反作用，规模较小的多中心区也比大城市区更加有效。对于多中心少数研究重新界定了经济绩效的作用，范德蒙顿等（Vandermontten et al.，2007）指出在欧洲等地区人均国民产值受到单中心的影响。梅杰斯和桑德伯格（Meijers and Sandberg，2008）所做出的研究佐证了这些观点。

第三，关于产业聚集对城市群企业绩效与竞争力的影响研究。

城市化经济是一个非常宏观的经济体，指的是整个城市以高速共享、交流学习等方式使城市和城市群体之间高速互相融入，使城市与城市之间形成一个巨大的网络，这些网络都将呈现出收益递增的形象。

马歇尔（1890）认为，产业集聚指的是城市群体某些产业因为特定的内容或者特定的特点形成一定的产业集群规模，是资源大量集中、劳动力大量集中的一种模式，当产业集聚度提升的时候，整个城市的产业规模都会发生较大的改变。首先产业集群所产生的劳动力分工模式会使劳动力资源得到更加高效的共享，这就减少了企业搜寻劳动力成本，同时使社会闲置劳动力的比例大大降低。

其次产业集群需要大量的企业形成规模，会产生巨大的品牌效应，产业规模的提升，不仅带来的是技术方面的提升，而且会使整个城市的竞争力得到极大提升。当产业集群达到一定规模的时候，就会使周边产生衍生反应。一系列的片区和产业在这个地区和区域之内都会得到加强，其所产生的品牌效应就像多米诺骨牌效应一样不断传递。胡佛（Hoover，1936）把产业集群的内在动力划分成两种类型，第一种是专业性的效应；第二种是多样化的效应。前者指的是因为同一专业性质产生的地理集中增长效应，比较经典的有德国的鲁尔区、底特律汽车城以及美国的硅谷。后者指的是不同产业集群所衍生出来的各种配套设施和技术流动，同时随着深入研究，胡佛（1948）在前人研究的基础之上指出产业集聚是一个不断发展的过程。从单一化的产业到多元化的产业集聚，形成了多种城市发展类型，包括本地化经济和城市化经济。本地化经济指的是单一产业的集聚，城市化经济则包括了多种部门、多种产业的集聚，是城市群体的体现，在数量上也能够显示出两者之间的差别。城市化经济明显比本地化经济数量更多、规模更大。它所辐射的范围程度也显著高于本土化经济（Selting，1994）。城市化经济和本地化经济在概念界定上是不一样的，但是它们的区别也并不是像人们所说的那么大。并且它们会共存于同一个城市群体当中。格莱泽等（1992）在总结了马歇尔（1890）的外部性理论、阿罗（Arrow，1962）"干中学"模型以及罗默（Romer）模型（1986，1990）的基础上，将本地化经济解释为把同一产业的企业在城市群的集聚。本地化经济指的是一种单一的产业集聚，主要通过劳动力共享使上游和下游产业进行衔接产生的一种规模回报收益模式。这种集聚不会发生在某个企业或者某个产业之上，实际上它是由行业之间相互作用产生的，衔接上游和下游行业的桥梁是中间产品市场，这样的市场出现使城市产业集群之间的分工模式更加明显，同时劳动力市场的共享，显著增强了用人单位的用人效率，减少了闲置劳动力的比例，降低了用人单位的用人成本。同时单个企业遭受到异质性影响的可能性也大大降低。这种异质性影响通常被称为货币外部性影响，它的本质是通过价格效应来引导的，是一个行业内企业之间相互作用、相互靠近造成的结果，也是新经济地理学理论的基础。它在空间上的作用非常大，甚至比外部技术性指标因素更大。

第三节　研 究 述 评

产业集聚研究的是各种不同的产业在空间上的集聚，城市群经济发展研究的是城市群空间产业在结构、布局和规模上的效应与发展。从以上研究可以看出，目前，大多数学者均是从微观角度对产业集聚和城市群经济发展进行不同机制的分析和讨论，现阶段已经处于"现象到机制"的分析阶段。一些学者从城市经济理论和新经济地理理论等多个角度来阐述产业集聚和产业扩散的机制，在主导机制层面上新经济地理理论更加依赖于垂直关联的作用。而城市群经济发展的研究则更加偏重于水平关联。通过抑制关联的传导形成了技术和经营外部性的连接，同时构建了城市之间循环的效果。当然这个循环并不是无止境的循环下去，带来的不仅仅是好处，也会带来坏处。其负面效果是集聚不经济，规模形成了但是经济产能下降。同时学术界从马歇尔所持的空间外部性理论出发认识到了抑制关联的存在性，但是角度不同产生的分类也不同。一些学者从城市群经济发展的空间外部性思想展开了集聚机制的研究和分析，比如马歇尔（1920）[①]。产品供应商和采购商之间不断创新合作机会，提升信息交换效率，共享劳动力市场使得产业集聚的效率不断增强，形成一个良性循环。对于促进产业集聚有非常重要的作用，但是产业集聚在微观层面上形成的机制只是城市群产业集聚研究分析的一个小小的部分，集聚效应和城市群经济效应的互动机制仍然是两者之间研究的侧重点。现阶段的研究成果非常少，效应研究体系的弊端非常明显，它仅仅是分析产业到产业之间的集聚互动影响。对于协同集聚和空间效用上的研究仍然处于初级阶段，并没有充分的理论体系来证实产业集聚和空间之间的关联，比如生产效率和工资收入是否会增加产业集聚的水平，以及是否会存在空间溢出效应等。也就是说根据现阶段的产业集聚协同问题的研究发现，并没有产生一个完整的脉络，其主线分析现象机制的效应，这个脉络阶段还需要得到加强，因此产业协同集聚与空间效应的研究也应该成为该学科未来的发展方向，这对于城市区域经济的发展起着非常关键的作用。

----

① Marshall. Principles of Economics [M]. London：Macmillan and Co. , Ltd. , 1920.

第三章

相 关 理 论

第一节 产业集聚与城市化共同演化理论

一、共同演化动力机制

产业集聚和城市化两者之间的共同演化充斥在经济系统的各个层面，它们来源于社会经济系统各方面，比如公司、各种行业、社会、个人、环境因素等，它的成因及发展机制源于每种层次间的互相嵌入，以及相互之间的因果关系，具备内在的组织理论性质。英国生物学家达尔文学说涉及的遗传、变异和选择，它们作为经济领域演变的普通分析结构，能够变化成扩散、创新和变异，因此就能够把城市化和行业集聚共同演化成为新型的动力机制，并且这些机制与机制之间有着自身发展，并能够互动。

（一）创新机制

创新生产模式诞生于多元化的劳动机制，是市场经济体制的改革发现的结果。专家纳尔逊和温特（Nelson and Winter）在 1982 年把创新看作探索出具有实用价值新技术的一类习惯，且把创新规划为两类：以科学理论为主的思想创新和经验技术知识为主的实践创新。渐渐地，一些专家把创新理解为公司经济结构组织向范围更广泛的多元素汇聚的复杂体系，经济领域学者弗里曼和泽特（Freeman and Soete）在1997年分析总结认为，创新机制是技术革新以及市场模式转变机遇相吻合及多元素和劳动联系在生产制造、具体使用和拓展新知识技术中的相互信息流动系统。伦德瓦尔（Lundvall）于1992年在产业地域位置集中和城市化发展的信息内容互动的早期阶段，因为市场竞争背景和实现创新结果的程度不稳定性，地区产业经济框架与城市整体规划的每一个元素主体只能依照基础实力来发展非急需层面上的技术或者经验创新，这类型的创新颇有尝试性。由于地区产业结构和城市规划体系内容的相互联系、渗入的推进，特别是二者中主力型的产业或经济来源主体，为预防其他竞争者模仿操作模式而赚取自身利益，它们会在极短的时间内完成新技术革新、研发以满足市场方向的发展。此时以上两个体系的基本主体会把创新看作市场竞争中获胜的关键策略，并以此带动产业地理位置的集聚和城市化水平的提高，并使二者的互动更深入，这又会使得创新被政府、企业等广泛的支持与配合。在互动阶段的末期，包含有科学经验技术、劳动机制和社会文化背景的许多反对创新的保守主义发挥约束力，比如追求生产的守旧生产习惯、节约消费思想、社会文化背景、市场运行机制、政府制度和道德文化等。在这个时期，创新又会被众多的模仿者厌恶，不良的竞争模式大大耽误了产业的地域位置集中与城市化水平的提高，更影响了二者的互动，由此，致使同等质量的产品供过于求，而高质量产品稀缺。因此，创新体系的诞生和二者的互动程度有着不可分割的联系。

（二）选择机制

选择制度是多元化体制的降低结果，它依靠一项标准来筛取适应性高、综合能力强大的演变主体，舍弃适应性差的演变主体，可视作一种市场竞争系择优弃劣的形式。选择体制有市场竞争层面、社会文化层面和政治策略层面三大类选择体制，因此形成了产业地域集中与城市规划发展的内容互动连接中对成品质量、技术力量、人才价值、组织形式、市场地理位置等的择优机制。市场宏观体系重在调节产业框架和城市规划体系中各元素间经济竞争的市场法则，利润能力作为重要的选择依据（Hanusch and Pyka，2007），如产业制造模式系统和城市公共服务系统间的竞争选择就是对自然以及社会环境、产品质量、技术力量、生产资本等市场择优弃劣选择。社会层面的选择体制指的是调解制造产业和城市各个要素互动的传统习惯、意识认知以及道德标准等传统文化上的体制，其评论标准以规定统一的道德感来作为评判的方法。亨里奇（Henrich，2003）指出，大部分企业家常常通过稳定的居住条件、生活环境，和城市组成系统中的各个元素保持频繁的互动和接近，以此激发了企业家在改革方向、管理思路、竞争战略上做出明确选择。政治层面的选择指的是政府人员或组织制定的所有正式以及不很严格的条文规定，政治层面的体制对于产业以及城市的产生、转变起了很重要作用，如产业结构计划、城市化发展方向的明文规定、具体实践。但是，只要考虑到三种层面的体制在多个方面的互动关系时，选择体制就变为一个多层相互渗入的混合系统。

（三）扩散体制

扩散体制详细指明了创新怎样在市场经济运行中被反复模仿和采纳运用的历程。扩散的形成可看作新科学技术知识经由一定的方式在特殊时间内被涉及的主体了解并运用的历程，实际上可看作是多层面综合的学习系统模式。亨里奇（Nelson，1994）指出，扩散体系所包含的径向选择和回报逐增的特点，是产业运行操作体制和城市规划体制间产生的知识传播结果、正反馈作用以及网络传输作用的重要催促剂。比如，在产业地理位置集中与城市化发展的内容互动渗入中，城市发展体系的各组成部分共同营造的创新知识能够依照外在背景的演变，完成和产业发展体制的相互渗入以及多层面内容信息交流、互动，并转变为"企业家的意识、认知"并及时有效地传播到某个产业集中区域中。但是，产业发展体系的各组成要素会把所谓的"创新知识"做出含特定目的的整顿或者改编,并在产业发展体制的信息交流互动中保持储藏、再改编,最终经由产业运行系统的各要素和城市各大组成元素的相互交流延伸到城市这个庞大的运行系统中去。由此,科学技术知识的扩散作用和正反馈作用会联合致使全体系统中的科学知识数目的增多以及知识类别的变化,最后产生高效的创新型网络系统或者区域型的创新运行体系。

二、共同演化结构与内容

依据每种主体之间的范围与对象,可以把城市化联动和产业集聚的构架分为三个层面,即宏观主体、中观视角与微观个体,这其中微观个体与宏观主体在各类环境中体现为城市与企业两者之间的中观和宏观之间的关系。所以说,城市群和产生集聚相互就产生了多层面之间一同演化的构架,包含上述提到的三层面之间的互动,它主要包含了生产各元素、产业结构、空间布局、制度环境等几个方面的耦合。

(1)生产各元素的耦合。它大多数产生于四个方面,即生产出的产品、提供的技术支持、积累的资本以及人才储备。生产出的产品,它的耦合过程具体体现在各行业的生产厂商所生产的产品可以给服务机构提供很好的连接与更加便利的互动。技术层面上的耦合更为常见地体现在城市各模块的技术开发朝着产业模块方向伸展的一个阶段。资本上面的相关程度体现企业进程向城市化进程推动并产生了资本积累,也同时体现了城市化的进程对产能升级改造给予一定的资本支持。高技能人才上的相关程度是指产能上的人才缺口与城市相关人才供给之间的体现。两大生产系统在产能要素之间的不断互动引发的累积关联效应使得区块经济得到了良好的进展。

(2)产业结构的耦合。这方面主要包括产业外的横向对接和产业内的纵向对接。产业内部的承继指的是城市和产业两个系统在产业链基础上游下游连接两大产业的关系,比如城市系统技术环节和生产环节这两个系统对接可以使整个城市的产业链完善和升级。横向对接的共同发展和相互连接的互动关系（Guerrieri and Meliciani，2005），比如服务性行业可以通过对外输出专业性的服务，能够降低制造业所面临的压力，提升制造业的效率（Markusen，1989），同时制造业的发展以及升级改造也能够不断地反过来使服务业的硬件需求得到满足。

（3）空间布局的耦合。第一是分布格局的耦合。在产业集聚形成的最初阶段，对于资源技术人才的依赖性是非常高的，所以所产生的集聚会集中在资源、人才、技术等要素集中的地方，所以这个地方往往是城市的核心（Duranton and Puga，2001）。第二是地域分工，很多地区、很多城市内部之间都会分化成不同的分工，整个城市网络、一个工厂、每个地区或者区域都处于生产线上的某一个部分，这就对整个城市系统的内在联系提出了新的要求。第三是区域转移耦合。比如在一些偏远的地区会出现劳动密集型的产业集聚区，主要是因为这些地方的劳动力成本比较低廉，通常劳动力成本高的产业都会向劳动力成本低的地区转移，技术密集型和资本密集型的产业通常会向发达地区转移，所以产业之间的流动也象征着空间布局的耦合。

（4）制度环境的耦合。产业集聚是一种产业形态，与当地的生产力制度政策有着密切的关系，城市系统是一个产业集群发展的重要载体，拥有良好的制度干预体系是产生产业集聚的关键，城市系统是一个开放性的系统，可以给产业发展带来公平公正的法律政策，使得市场主体之间的合作和交互能够更加的轻松愉快，显著降低企业之间的合作成本。

三、共同演化阶段与过程

通过上述理论分析我们可以知道产业集聚与城市的演变过程息息相关，参考瓦特（Watts，1999）、陆立军和郑小碧（2011）的网络构形三步法，本书把城市化与产业集聚的同步阶段进行了重新整合，城市化的阶段主要包括互动、萌芽、发展、创新等几个阶段，此外由于本书所研究的重点是我国的国情，我国把耦合阶段又划分成了系统网络、系统互动、产业关联三个阶段，产业系统与城市系统的互动存在着非常明显的正相关关系，这就说明了产业集聚和城市化系统的复杂适应性特点。

在城市化发展的初级阶段，产业集聚也处于萌芽的状态，因为外部环境的不确定性和微观主体处于起步阶段，致使微观主体对于参加市场竞争与企业之间的交流合作持谨慎态度。它们更加趋向于与固定合作伙伴开展合作，在这个阶段当中，城市系统和产业集聚系统处于初级阶段，是一个自我维持的阶段。在销售和生产上实现了自给自足。两个系统之间的微观层级互动所占据的地位是主导性的，但是城市和产业之间的互动还没有达成，这种微观主体之间的互动继续存在着，因为创新的特点是具有高风险性和高投入特点，所以这两个系统之间的经营主体行为在面临创新的时候会相当的审慎。在这个阶段采取的通常是非需求导向性的试探性创新，比如改进产品的模式、样式和质量。对于进一步的技术创新则不敢触及。在这个阶段政府的选择机制将会起到非常大的作用，可以说这个阶段政府的作用比市场所起到的调控作用更大，只有当城市系统和产业集聚进入发展阶段的时候，两个系统之间的交流合作才开始逐渐频繁。

随着城市和产业之间的相互关系不断递进，两者之间的互动也开始进入了发展的阶段。在这个阶段当中微观主体的互动范围和互动对象由原来的仅仅依靠固定的合作关系来形成合作，演变成开始从不同的市场和经营主体不同层级、不同范围的市场经营者互动，互动层级也由原来的微观转向中观，城市系统内部之间的各个部分联系不断增强，产业集聚的初级形态已经形成。整个城市已经形成了一个本地型的环绕经济体系。耦合的发展中期，这里指的是协同互动阶段，这两个系统之间的微观主体的互动已经形成关联行为，对生态环境的影响也开始逐渐增大，包括技术环境、制度环境和产业环境等。这几个环境当中的主体和变量形成了正反馈效应，互动的层级也开始从中观层面开始转变到宏观层面。城市子系统和产业子系统之间的关系日益紧密，城市互动越紧密对于产业集聚的影响越大。同时产业集聚已经突破本地系统的限制，逐渐向外扩张。这个时候市场机会开始增多，技术创新开始大胆起来。创新是经济发展的活力和动力，随着系统间的互动频率不断升高，城市化和产业集聚之间的互动开始进入发展阶段的后期阶段。在这个阶段当中，两个系统之间产生的耦合效应对环境的适应性开始增强，并且形成了一个致密的网络结构，制造业当中的巨头企业开始依靠自己在长期的竞争过程中所累积的优势，形成以自己为中心的一个主导网络，并且与周边的经营主体形成链接，把自己的网络不断向外延扩展。同时这些巨头企业会随着并购等企业规模的扩张，开始对自己的品牌形象进行维护。

当一个城市的产业体系已经成熟的时候，会有大量的市场进入者开始进入这个系统，所以对这个市场的竞争环境产生了正面作用，导致市场内的经济体制和机制局面越来越激烈。微观主体和产业环境频率过高的互动时，城市化和产业集聚的互动开始进入了创新整合的阶段。在这个阶段因为技术产业产品的同质化竞争日益激烈，城市化和产业之间的互动层级也开始朝两个方向发展，只有当体系内的竞争是良性竞争的时候，才能够让整个体系不断升级。产业升级的关键是是否能够实现产业集聚的外层迁入，使产业系统内部的经营主体能够在更高一个层面的前提下实现合作，把两者之间的关系朝向更高的关系迈进。在环境制度技术中机制创新的惯性，会导致创新行为被排斥，山寨行为充斥在市场当中，这对于市场优化是一个巨大的打击，所以需要政府保护好创新者的利益，才能够实现产业的创新发展。

城市化和产业集聚之间的共同演变和变迁是微观个体、宏观环境相互影响、相互适应的一个过程，即不同主体、不同层级、不同阶级所扮演的角色功能都不同，阶段的互动是一个层级不断跃迁的过程。在市场经济发展的演变过程中，如果创新性的元素不够，互动层级不够，就会导致城市和产业两大系统之间的互动产生鸿沟，这就是我们国家一直在致力于城市化和工业化齐头并进的原因。衡量互动层级是否能够跃迁和融合主要看的是城市化和产业集聚之间的互动机制。

第二节 产业集聚与经济增长理论

一、中心—外围理论

产业集聚是经济要素在一定区域内为寻找外部经济规模而走向经济一体化的活动，它是由一种低级形式向更高级形式发展的过程。中心—外围理论的主要观点是"中心—外围"模型。将 A、B 两地看作两个经济系统，根据"中心—外围"模型，假设 A、B 两地资源禀赋相同，A、B 两地经济发展处于均衡状态，第二产业工业产业处于市场垄断状态，而第一产业农业处于完全开放竞争状态，假设第二产业熟练劳动工人具备自由流动的条件和意愿，非熟练劳动工人不具备自由流动的条件和意愿，那么制造企业在这两个经济系统的空间布局主要受经济增长的规模、市场垄断和自由竞争的程度、运输成本的大小三个要素的影响。而经济增长的规模、市场垄断和自由竞争的程度、运输成本的大小三个要素对两地制造企业空间布局的作用机制表现为向心力和离心力。

向心力指的是促使企业集聚的动力，离心力指的是促使企业在两地地理范围内分散布局的动力。在资源禀赋相同的条件下，两地制造企业的向心力主要受两个要素的影响。一是所在地市场效应，二是价格指标效应。所在地市场效应主要表现在对企业的向心力，也被称为后向关联，其作用机制主要表现在：制造企业为了降低运输成本都会选择在市场需求量大的地区进行生产，在市场需求量小的地区销售产品。价格指数效应也表现在对熟练劳动力的向心力，也被称为前向关联。这种作用机制发生的前提是熟练劳动力工种会因为经济利益的多少对企业做出选择。主要表现在：具体来说，在制造企业集中的地区本地市场上的产品规模就会较其他地区大，能够满足劳动力需求，从而避免了从外地进口产品造成成本的增加；相反，制造企业分散的地区由于本地市场上的产品规模小，不能满足劳动力需求，必须从外地进口大量产品，这时运输这些产品的成本必然会提高产品的价格。在这种情况下，两地相互比较来看，制造企业集中的地区熟练劳动力实际获得的劳动收入水平高于制造企业分散地区的熟练劳动力。出于经济利益的考虑，熟练劳动力自然会从制造企业分散的地区流向制造企业集中的地区。

不仅存在向心力作用机制，A、B两地制造企业和熟练劳动力同时也受离心力作用机制的影响。具体来说，离心力作用机制也受来自两个方面因素的影响，并根据这两个方面因素的不同情况表现出不同的结果。首先就是市场拥挤效应。对于企业集中地区的制造企业来说，区域内云集了大量企业，众多的市场竞争对手进一步打压了本企业产品价格，挤压了本企业的生存空间。而向外地销售产品时不仅面临地方保护主义，而且将产品输往区域外的市场必然增加运输成本，导致产品价格高于所在地企业的产品价格，在竞争中处于下风。为此，企业倾向于流向制造企业分散的地区。其次是非流动要素。对于A、B两地企业来说，在三个变量处于不变的均衡状态下，假设处于对称分布状态下非熟练劳动力多于熟练劳动力且数量不断增长，那么两地市场规模将趋于相同，在市场拥挤效应的作用下，两地制造企业就会均匀分散。

从以上分析中可以看出，在A、B两地企业处于相对均衡状态下，向心力和离心力作用机制对制造企业的地理分布起着决定作用。其中，在经济增长规模、市场竞争程度和运输成本三种要素中，运输成本变量对向心力和离心力相互之间的较量和强弱产生重要影响。当运输成本较高时，离心力发挥主要作用，向心力则处于弱势。这时候，处于均衡状态下的A、B两地企业地理分布较为均匀。当运输成本不断下降时，向心力和离心力因为作用机制的存在同时对制造企业布局产生影响，由于此时企业对利润和价格的敏感性更加偏重于流向分散区域，但这种情况必须假设运输成本这个变量存在一个临界点，我们称之为间断点，在临界点之内，离心力强于向心力，过了临界点，也就是运输成本下降至某一维持点时，离心力的作用弱于向心力，制造企业就会倾向集中于A、B某一区域，从而形成了一个地区工业化而另一个地区农业化的格局，这便是经济学上的"中心—外围"结构。

在运输成本变量不变的均衡状态下，由于运输成本的存在，工业集中区的消费者价格指数小于分散区的消费者价格指数，也就是说工业集中区的消费者经济实际收入高于分散区的消费者。当运输成本这个变量从较高值逐渐向最小值不断减少时，中心区域与外围区域消费者的价格指数会由相同而变为逐渐拉大差距然后又区域缩小。具体来说，在高运输成本下，中心与外围区域的消费者无论是熟练劳动力还是非熟练劳动力，其经济收入实际上都是相同的，存在区别的只是在各自区域内。但是如果运输成本开始下降，当降到间断点之后，企业开始从中心区域流向外围区域，两地消费者价格指数出现了差距，而当数值下降到维持点时，开始形成"中心—外围"结构，中心区域的非熟练劳动力价格指数大于外围区域的消费者价格指数，并且随着数值不断下降差距不断拉大。当数值下降到最小值接近于零时，中心地区与外围地区的消费者价格指数则趋同，两地消费者的实际收入的购买力水平是一致的。由此可见，产业聚集发展可能会带来消费者收入差距的拉大，但是随着产业集聚向更加专业化和多样化发展，地区经济一体化趋势不断加深，A、B两地企业的消费者收入购买力区域一致。

二、经济地理与经济增长理论

"中心—外围"理论只关注区域经济系统中的工业和农业部门，而新经济地理理论则在工业制造和农业生产的基础上加入了资本生产系统，并由此建立了动态模型。与"中心—外围"理论围绕向心力和离心力机制讨论运输成本、区域企业竞争和劳动力要素之间的相互作用如何使得中心区域和外围区域劳动力收入水平呈现出倒"U"形不同，新经济地理理论关注资本生产部门对区域经济活动的影响和作用，更强调经济地理空间结构与经济增长的"资本属化"关系。资本属化的主要观点是（Glaeser et al.，1992；Jaffe et al.，1993；Henderson et al.，1995），经济增长中除了市场效应和消费价格指数效应之外，知识溢出效应也是推动地区产业集聚的重要机制。这种机制是由资本生产部门即研发机构和技术创新部门带来的。与生产制造部门和农业部门不同的是，构成资本部门的物质资本和人力资本具有不同的特征。物质资本能够实现所有者的分离，从而摆脱地理空间的限制，而人力资本却不能实现所有者的分离，因而能够同时实现工业生产和产品消费市场的集聚。

新经济地理理论认为，知识溢出的程度与地理空间的距离有密切关系。地理空间越远，知识溢出的影响力越小。马丁和奥塔维亚诺（Martin and Ottaviano，1999）在罗默（Romer，1990）、格罗斯曼和赫尔普曼（Grossman and Helpman，1991）经济增长框架的基础上，对马丁和罗杰斯（Martin and Rogers，1995）的产业区位框架进行了分析探讨，他们认为，知识溢出的作用是有限制的，当在某一区域的局部溢出时，产业聚集会推动经济增长，当这个范围扩大到全区域时，知识溢出的作用就会消失，产业聚集不会带来经济的增长。也就是说，当局部发生知识溢出时，受交通运输成本因素影响产生的企业聚集会带来利润和效益的增长（Basevi and Ottaviano，2002）。当知识溢出的区域范围扩大到全局时，运输成本的下降使得企业迁入非创新区域，从而导致企业发展失去知识和技术等要素的内生动力支持，地区经济停滞不前。马丁和奥塔维亚诺（Martin and Ottaviano，2001）认为资本生产部门的投入应该为工业制成品，这是扩大市场需求、刺激消费的方式。于是他得出结论，经济交易活动的产业集聚能够推动企业产生技术创新的意愿，并主动向创新区域集聚，从而促进经济发展。广濑俊和山本康雄（Hirose and Yamamoto，2007）认为，在企业布局方面，当两个市场规模不同的地区存在知识溢出的时候，企业会根据知识溢出的对称性选择去留，如果企业认为两个区域之间的知识溢出是不对称的，则企业不会选择从市场规模小的区域聚集到市场规模大的区域。

三、开放经济条件下产业集聚与转移理论

随着全球化和经济化的不断发展，越来越多的学者开始关注经济一

体化给全球各国经济发展带来的影响。贝伦斯等（Behrens et al.，2009）研究认为，今天经济一体化是全球化最显著的特点，这是当今时代的发展趋势，任何国家和地区都无法逃避。他通过数据计算得出，欧盟近年来的一体化发展为一些国家带来了好处，但是也使一些国家遭受损失。由此来看，经济一体化和全球化发展所带来的经济利益是不均等的，有些国家可能在经济一体化过程中变得更加发达，但是有些国家可能沦为商品倾销地，财富被变相剥夺，由此导致陷入贫困，并引发社会动乱。

此后，一些学者继续在贝伦斯等的基础上进一步探讨了经济一体化发展对全球各国产生的不同影响。比如克鲁格曼和埃利佐多（Krugman and Elizondo，1996）建立了四区域模型，并对经济一体化和城市经济发展的影响进行了研究，他发现经济开放政策不利于发展中国家的产业集聚，而封闭状态下有利于推动发展中国家的产业集聚。有学者在"松脚型资本"前提下建立了两国四区域模型，通过比较分析两个开放条件下的国家经济发展数据发现，由于地理位置和资源禀赋不同，一个国家不同地区的经济发展存在差距，这种差距呈现出倒"U"形曲线（Zeng and Zhao，2010）。即一开始差距不断拉大，随着经济一体化深入发展，差距逐渐缩小乃至趋于相同。出现这种情况的主要原因是，首先开放经济条件下的一国工业制造企业在规模报酬递增效应驱动下，会选择流向工业企业集聚的地区，以便获取更低的成本。而产业集聚必然会降低区域内企业的国际贸易成本，形成在国际市场上的竞争优势。从而拉大区域之间的差距。然而，在开放条件下当国际贸易成本降低到某一值时，企业在市场效应机制作用下会选择流向贸易对象国，从而导致工业生产在两个国家之间的分散布局，并削弱迁出国产业集聚程度和工业发展速度，这种情况导致的结果就是迁出国与迁入国在工业发展差距上的缩小。

也有一些学者对当前我国改革开放条件下的产业集聚与转移进行了研究。比如藤田和夫（2001）在对中国特区经济发展进行详细调研后认为，由于中国国内各地区地理条件的差距导致各地国际贸易成本不同，因此中国国内产业集聚呈现出不同的特点。他还发现，对外开放政策是影响中国国内不同地区产业集聚的重要因素。由于各地区对外贸易优惠政策不同尤其是出口退税政策方面，导致各地区的国际贸易成本不同，于是企业普遍流入经济政策优惠幅度更大的特区。这是导致改革开放以后中国东部地区产业集聚，西部地区产业分散的原因。因此，近年来中国政府加大内地开放程度的举措将会有助于西部地区产业集聚，并减缓企业向东部迁入的现象，缩小中、西部发展差距。这一研究结论为学者邓慧慧（2009）所证实。她构建了一个基于开放经济条件的"两部门、三要素、三区域"经济模型，研究结果显示当东、西部地区国际贸易成本不存在明显差距时会导致产业和资本的分散布局。

第三节　产业集聚模式理论

一、产业专业化集聚理论

专业化集聚最早是马歇尔（1920）提出的。他认为在市场经济条件下，在外边规模效应的驱动下，某一产业的企业大量集聚在某一地区，企业之间分工合作，相互联系，从而导致该区域内的产业整体上比其他地区的产业存在一种专业优势：第一，形成产业价值链，打造专业化的供应商；第二，劳动力共享，有利于提高工人的熟练程度；第三，有利于企业之间的信息共享，导致整体性的知识溢出，为企业技术创新提供了便捷。

专业化集聚的这几个优势为企业提供了在服务质量与产品价格、劳动力资源、技术创新等方面的实在利益，这也是企业大量集聚的原因。企业集聚在一起，信息以正式和非正式的方式各自传递，各企业之间的沟通频率加快，在整体上能够形成一个信息网络。网络内的各家企业相互了解各自生产和服务特点，共同形成基于共同商业利益的专业供应商网络，借助于信息传递和上下游协同配合，获得中间投入品，实现管理优化和成本控制，从而有利于企业应对各类市场风险和挑战。

产业集聚还可以实现劳动力市场的共享，大量的企业集聚在一个地区，形成了一个庞大的劳动力市场。各类专业技术人才从四面八方汇集到此，企业能够从中选优，招聘到熟练程度更高、专业素质更优的劳动力，提高企业的人力资源队伍素质。另外，产业集聚还为大量的劳动力提供了相互学习、相互交流的机会，工人在相互学习中对产品的加工方法和性能更加了解，对加工技术和设备操作更加熟练，有利于工人提高工作效率，增加产量，减少成本，提高产品质量。大量企业的集聚也为劳动力自由市场提供了便利条件，劳动力不再束缚在一个地方，而是可以在不同企业自由流动，从而有利于企业人才流动，实现人力资源的优化。

产业集聚的另一个重要优势在于知识溢出。知识溢出能够为企业带来模仿和创新。模仿指的是大量的企业集聚在一起，相互交流、相互学习，使某一企业的技术创新能够快速在某一行业内推广，大量应用于其他企业产品生产中，提高了行业整体技术水平。创新指的是企业集聚在一起容易释放出大量创新活力，为技术创新所需要的大量不同专业的高素质技术人才和大量技术研发资本提供了可能。同时，大量企业集聚在一起，加大了企业竞争压力，为企业技术创新提供了动力。

二、产业多样化集聚理论

多样化集聚最早是雅格布斯（Jacobs，1969）提出的。多样化集聚的地区，大量生产不同产品的企业集聚在一起，在产业链方面具有互补性，不仅补充了各自的供应链而且还为企业产品提供了更广阔的销售市场。另外，多样化集聚产生的竞争效应能够促使企业不断释放创新活力，加大了技术创新进度，促使企业经济发展。

与专业化集聚能够清晰描述不同，多样化集聚的提出经历了一个曲折的发展道路。最终帕尔（Parr，1965）用产业种类和产业分布均衡清晰地描述了多样化集聚的情况。他认为，同一地区产业种类越多，产业部分越是均衡，说明这一区域产业多样化分布程度越高。瓦格纳（Wagner，1998）指出，多样化集聚不仅是产业种类和产业分布，更关系到不同产业之间的联系。科恩（Koen，2007）把不同产业之间的联系分为产业内的相关多样性和不同产业之间的不相关多样性两类。为此，出于研究需要，需要对多样化聚集进行清晰描述。总结以上学者的研究结论可以看出，多样化集聚主要包括两个方面，一是多样化的明显程度，即产业种类和分布；二是多样化的互补程度。这两个方面包含了多样化的特征，种类分布越多，且不同产业之间的互补性越强，说明多样化集聚程度越明显。

关于产业多样化集聚产生的根源和作用机制，亨德森（Henderson，1974）最早运用垄断竞争模型分析产业多样化集聚的产生过程。他认为城市的产生不仅与产业专业化集聚有关，也与产业多样化集聚有关。笔者认为，多样化集聚需要从消费者、生产者及设备技术等方面的特征来理解。市场需要是产业多样化集聚的主要因素。因为消费者需求具有多样化和个性化，同一地区只有具备多样化的产品才能更好地满足消费者需求。同时产品种类的丰富和贸易规模的扩大也更加有利于满足消费者效用。从生产者来看，在完全竞争市场环境下，只有中间品是通过垄断竞争市场获得，因此，多样化集聚有利于中间投入品的获得，而且有利于企业共享劳动力、技术和知识，降低生产者获取各类生产要素的成本，从而提高产品制造效率，提高企业利润。

第四节　城市群产业集聚的理论框架

一、城市群产业集聚机理

城市群产业集聚的机理指的是城市群产业集聚的动力机制，它描述了产业集聚与城市化过程中城市各主要经济要素的相互作用过程。按照自组织理论，城市群经济系统中的个体、企业、产业、国家、环境等要素既遵守"变异、选择和遗传"机制，又符合"创新、选择和扩散"机制（黄凯南，2009），还符合产业集聚与城市化演化动力机制。在这三种机制作用下，它们相互之间互为联系、互为嵌套，是一种内生的关系。

（一）创新机制

创新机制是产业集聚与城市群互动演化的主要作用机制。是推动城市群经济发展的原生动力。在市场经济条件下，创新机制作用的前提有两个，一是市场需求，这是创新机制的内在动力；二是技术可能性，具备了技术资本和技术力量。满足这两个条件后，各类经济要素围绕生产关系在生产、营销、研发、消费、使用过程中相互匹配，不断互动演化为新的技术和知识体系（Lundvall，1992）。创新过程包含两个阶段。在初级阶段，企业不可能准确预测和判断市场需求，企业创新活动是试探性的，也是非需求导向下的一种创新行为，带有一定的盲目性和不确定性。但企业创新行为依然会融入当地城市群经济之中并与之发生互动演化。随着互动演化不断深入，城市群中越来越多的企业或者市场力量为了在市场中取得竞争优势，也追随前者开展技术创新活动。于是对于创新领导者来说，需要做的一件事就是在模仿者完全掌握创新技术之前尽快将创新技术投入生产并转化为产品竞争优势，取得最大化利润。这时市场上就会出现你追我赶的情况，所有企业都将技术创新作为重要的竞争战略。创新领导型企业努力发挥创新技术优势赚取创新技术所带来的利润，创新模仿者努力追赶创新技术也想从市场上分一杯羹。于是，技术创新的范围逐渐扩大到所有企业，产业集聚和城市化互动也不断加深。在创新发展的后期阶段，由于社会生产关系、社会文化和社会制度天然的惯性，市场中充斥着追求稳定的保守思想，一味追求模仿而摒弃了创新行为。这导致大量产品同质化和服务同质化，企业之间开始打价格战，市场竞争恶性循环，产业集聚和城市化互动陷入了"柠檬市场"效应所带来的困境。

（二） 选择机制

选择机制是基于社会经济系统中企业、技术、资本、产品、劳动力和制度、结构等经济要素优胜劣汰的演化减弱机制。选择机制的判断标准包括市场选择、社会选择和政治选择。市场选择以盈利能力为标准，表现为产业系统与城市群系统中各个主体经济行为和竞争行为的法律法规和制度。在市场选择机制下，各类经济要素在市场选择环境下开展市场竞争，由此形成市场竞争性选择。社会选择以文化习惯和道德规范为标准，表现为城市经济系统中的各市场主体在经济活动和产业集聚过程中发生的交往方面的行为习惯、文化观念、意识形态、社会制度和法律法规等。政治选择以社会公众利益为标准，表现为政府对产业集聚和城市群经济发展做出的城市发展规划、产业发展规划等。

（三） 扩散化机制

扩散化机制是一些经济要素在经济系统中的扩散和复制的过程。一些学者认为扩散化机制是创新在经济系统中的演化机制，本质上是一种多层次的学习机制（Nelson，1994）。扩散化机制的存在为知识溢出效应、正反馈效应和网络效应提供了路径依赖和报酬递增动力。在扩散化机制作用下，创新技术通过经济交往和竞争活动在城市化经济系统中广泛模仿和使用，也会被区域内经济主体再次创新形成新的创新知识和创新技术，由此在城市群经济系统中形成了创新活动的相互嵌套和多层级互动机制。对于创新知识来说，其扩散过程更加复杂，由于存在认知偏见和知识惰性，新知识首先突破传统认知观念被经济人认知并接受。这时新知识就会通过经济人交往相互传递和传播，在传播过程中不断有经济人将新知识进行编码、译码，对其进行意义的再加工、再整合产生新的意义，在知识溢出的基础上形成正反馈效应，最终在城市经济系统中形成创新的网络效应。

二、城市群产业集聚结构

在创新机制、选择性机构、扩散化机制的作用下，城市化经济系统中的产业集聚最终演化耦合成为多层次结构的产业集聚结构。产业集聚结构包括生产要素、产业结构、空间布局及制度环境四个方面。

（一）生产要素的耦合

生产要素包括产品、技术、资本、人才在内的耦合。产品演化为服务商与生产商之间的互动对接。技术耦合在扩散化机制作用下在全区域范围内被企业采用。资本耦合表现为产业发展和资本积累的互动关系。人才耦合是企业人才需求和人才市场人才供给的互动关系。产品、技术、资本和人才的耦合互动最终形成"累积因果效应"。

（二）产业结构的耦合

在产业集聚推动下，产业外存在着纵向承接耦合结构，产业内存在着横向对接耦合结构，指的是产业链上下游供应商和服务商在生产和服务业务上的相互承接形成的耦合关系。产业外的纵向承接耦合指的是产业与城市化群之间发生的在企业技术、生产、人才服务与企业发展方面的耦合关系。产业内横向对接耦合结构表现为产业链上下游企业之间的协调配合和紧密合作关系。比如人力资源服务公司为生产企业提供高素质的劳动力，技术研发机构为企业技术创新提供技术支撑，营销公司为生产企业产品提供营销渠道和广告宣传服务等。纵向承接耦合作为产业外的耦合关系在于为企业发展提供良好的基础设施环境、市场环境、政策环境和经济发展环境。比如政府为推动某类产业的发展针对企业税收出台的优惠政策，政府通过安排公共财政支出刺激消费需求，从而为企业发展创造良好的消费环境。产业外纵向承接耦合关系具有非竞争性和非排他性，这些条件为区域内所有企业共享，对于推动产业整体制造成本、降低行业生产效率有利（Guerrieri and Meliciani，2005）。

（三） 空间布局的耦合

空间布局的耦合分为三个阶段。（1）在城市化进程初期，由于人才、技术和资源等要素要向特定的区域集聚，因此相关企业便在这些特定集聚区域内形成。这种产业集聚是随着城市化进程所推动的经济发展要素集聚而产生的。随着城市化进程的不断推进，在一些资源禀赋优势地区，企业围绕优势资源形成了产业聚集，由于资源禀赋具有地域差异性，因此产业聚集与城市化系统也便具有了地域分布的耦合关系。这种耦合承接关系推动了生产系统和城市化系统的分化与分离。这种地域分布分工不同会形成城市生活系统和生产系统各自升级发展，并实现价值增值（Duranton and Puga，2001）。（2）随着城市群系统和产业系统各自朝着专业化方向发展，大城市生产服务配套设施不断完善，劳动力消费水平不断提高。在劳动力成本效应推动下，劳动密集型产业所雇佣的劳动力消费价格指数不断增大，对劳动密集型企业生产人工成本造成了巨大压力。由于劳动密集型企业对于信息服务和技术服务等配套服务要求不高，于是开始从大城市群流入劳动力成本更低的小城市，形成了产业分散布局。（3）地域分工的耦合。不同的资源禀赋和区域优势形成了产业的地域式分化，也推动了城市系统生活区和生产区的分离。对于技术密集型企业和资本密集型企业来说，由于它们对于完善的技术和服务资源的迫切需求，便逐渐聚集在大城市经济系统中。

（四） 制度环境的耦合

制度环境的耦合也是城市群产业集聚的重要耦合关系。任何企业的发展都是处于特定社会环境中，而制度环境则是社会环境的重要组成部分。制度环境不仅包括与产业有关的产业政策、产业规划，还包括社会意识形态、社会文化观念和法律法规的健全程度。这些制度环境的耦合始终处于城市开放系统之中，并持续不断地为产业集聚创造良好环境，降低企业生产成本，提高劳动力消费者价格指数，推动技术创新持续升级。城市开发系统作为制度环境的提供者，为产业集聚提供制度网络的同时也受到产业集聚的反作用。产业集聚的良性循环发展又进一步优化了城市制度环境，推动城市文化落地，形成对高素质技术人才和高质量资本的强大吸引力。在产业集聚与制度环境的耦合承接关系中，城市经济系统和生产系统共同实现了发展。

三、城市群产业集聚阶段

按照网络结构类型理论，在产业集聚与城市化互动发展演化过程中，存在着萌芽起步阶段、耦合阶段和创新整合阶段（Watts，1999；陆立军和郑小碧，2011）。

在产业集聚与城市化互动演化的萌芽阶段，产业集聚的微观主体与城市经济系统处于一种浅层次的互动合作状态，并未达到产业集聚与城市系统的互动合作和紧密协同。政府在这种互动演化阶段处于主导地位，政府的产业规划和基础设施建设对微观经济体的经营活动具有重要影响。企业只处于从属地位，企业由于谨慎的市场政策，只开始实施小规模的试生产，只满足周边市场或者是固定客户的需求，除此之外在市场风险和复杂经济系统的不确定性下，并未进入深层次或更大范围的协同演化。企业作为微观主体在互动演化中只需求得自身生存发展的必需条件，维持局部性的、小范围内的经济活动。除了政府选择机制，在这个阶段也存在市场竞争机制，企业在协同地位条件下，仍然也会面临市场高利润的诱惑，也会根据有限的经验开始发起主动性的市场活动，比如质量改进、技术创新和广告宣传，满足消费者对产品尺寸、款式、性能和外观样式等的特殊要求，以求进一步扩大市场知名度，建立品牌形象，进一步扩大市场规模，实现销售增长，赚取更大更多利润。于是，有些企业通过试探性互动取得了成果，制造企业开始出现分化。

在耦合阶段，城市经济系统的市场需求开始充分释放。产业集聚与城市化的演化过程不断升级。耦合发展阶段又可以分为产业关联、协同互动和系统网络三个阶段。这几个阶段式发展呈现出"波浪式"上升递演趋势，是城市化过程中资本、技术、劳动力、生产者等经济要素互动适应的复杂过程。在产业关联阶段，这一阶段，企业与市场的互动开始逐步深入发展。政府选择机制逐渐示弱，市场选择机制逐渐活跃。一些微观主体在本地范围内开始突破原定范围限制，打破了原来固定的合作模式，在不同的层级、不同的范围和不同的模式中互动，互动的结果就是本地市场系统成型。在协同互动阶段，产业集聚与城市化系统的微观主体之间的互动演化变成了产业关联行为。正反馈效应作用明显，并对两个系统中的产业环境、技术环境、生产环境、创新环境和制度环境等产生重要影响，并促使互动层级从中级层面向更高级的宏观层面发展，一些微观主体开始突破本地范围限制向外部系统扩张，与外部的知识、技术和资本发生互动演化，逐渐提高了与市场匹配的能力。由此可见，这一阶段市场选择和政府选择机制共同对技术创新和知识创新发挥作用，使创新与知识的互动演化愈加频繁和深入。在耦合的最后一个阶段，技术创新和知识创新达到了非常活跃的程度。产业集聚与城市化系统中的各类经济要素相互联系，紧密配合，形成了你中有我、我中有你的网络结构。在这一阶段，微观主体比如生产制造的领头羊企业能够承担创新所带来的风险，并频繁开展技术创新活动，主导企业的产品在市场中占据了主导地位，有了良好的口碑和知名度，品牌形象深入消费者内心。企业利用知识溢出效应，建立了由自己主导的供应链价值体系，并牢牢控制了协同网络中的主导地位。在这一阶段，市场选择机制处于主导地位，政府选择机制处于从属地位，比如政府的配套设施和服务政策重点是思考如何提高企业生产效率和社会责任，其目的是为了改善企业生产环境。

在创新整合阶段，知识溢出效应使得作为微观主体的制造企业普遍与城市经济系统频繁互动，各类经济要素异常活跃，由于大量企业依靠模仿普遍进行了技术革新，导致产业、产品高度同质化，市场竞争进入白热化阶段，价格战使得大量企业利润急剧下滑。在这种情况下，有的企业开始实施外部突破，有的企业开始转型升级，实施产业结构优化，避免同质化竞争，主动规避陷入价格战泥潭。在这一阶段，能否突破城市化系统转向系统外走向国际化市场，到更为广阔的国际上实现互动合作层级的跃迁成为关键。由于模仿机制的存在对结构调整和产业升级所需要的技术创新有排斥效应，因此政府选择机制的作用就是打破模仿惯性，为产业升级和结构优化的创新者即生产者争取应有的内部收益。在政府一系列政策、制度和配套措施的安排下，依靠知识溢出效应，高技术产业在城市化中获得发展，并为优化后的生产制造业和服务业提供技术支撑，而一味模仿及停滞的落后产能逐渐被淘汰出城市化经济系统（陈建军和陈菁菁，2011）。

四、城市群产业集聚效应

（一）经济增长效应

经济效应是判断产业集聚成效的唯一标准。合理的产业集聚水平有利于促进城市化发展，过高或者过低的不合理产业集聚水平对经济发展会产生不利影响，甚至会阻碍经济的增长。在这方面，一些学者对产业集聚与经济增长效应的关系进行了实证分析。

郝俊卿等（2013）借助 EG 指数，运用区位熵法研究方法，对陕西关中城市群的制造业产业集聚与经济发展进行了实证分析，分析了城市群中心区域与外围梯度的不同产业集聚模式。马延吉（2010）基于新一轮振兴计划背景下分析了辽中南城市群产业集聚模式和演化互动关系。邬丽萍（2013）以国家粤港澳大湾区建设规划为背景，分析得出北部湾城市群产业集聚结构和类型。于斌斌（2015）实证分析了产业多样化集聚与经济增长的影响，并对如何实现多样化产业集聚做了分析。

综合这些学者的研究来看，产业专业化集聚和产业多样化集聚都能够促进城市化的发展，推动经济增长。但是无论是产业专业化集聚还是产业多样化集聚，都需要适度发展，只有将产业专业化集聚和产业多样化集聚控制在一定范围内，才能使资本、技术、劳动力、设备、知识、制度和资源等经济要素发挥出规模效益，有利于微观经济主体互相之间实现经济要素的共享，降低生产成本，提高劳动效率，有利于经济增长。如果产业专业化集聚水平过高，导致城市化拥挤，产品同质化严重，资源重复建设，市场充满过剩风险，而专业化集聚水平过低，则会导致经济发展缓慢，产品无法满足市场需求，经济活力不够。如果产业多样化集聚过高，则导致资源闲置，劳动效率偏低，不利于经济发展。如果产业多样化集聚过低，则因为缺乏组合要素无法建立专业的生产分工体系，不能实现产业与城市化的互动协同发展。

（二）技术创新效应

技术创新是经济价值的创造要素之一。只有依靠技术创新，才能优化产业结构调整，实现产业升级，推动经济增长的主要动力。技术创新是促使经济持续发展的原动力。可见，技术创新对经济发展具有十分重要的意义。

对于国内经济来说，改革开放初期，借助国内人口红利，依靠资本和政策优惠，短时间内实现了城市化发展，大量产业集聚在经济区内，推动中心城市和新型城市经济的崛起。由于处于经济发展初期阶段，人口、资本和土地等要素对经济发展做出了主要贡献（蔡昉，2013）。然而，随着产业集聚与城市化进入更深层次发展阶段，技术、资本、制度等生产要素之间相互耦合承接，促使微观经济主体突破区域范围限制向外域范围扩展，生产要素的频繁耦合也使得产业系统和城市化系统的互动层级从中级层面向更高级的宏观层面发展。这个时候，单靠人口和资本要素的作用难以推动经济持续发展，而技术创新在推动全生产要素整合提升生产效率的作用就越来越突出。

研究技术创新与产业集聚模式的相互协同，分析技术创新对不同产业集聚模式的影响，准确判断不同产业集聚模式对技术进步的影响，为产业集聚制定不同的发展策略，有利于推动经济持续发展。范剑勇等（2014）对技术创新与全要素生产率的提高做了分析。他借助 Levinsohn - Petrin 半参估计方法、随机前沿分析方法计算全要素生产率，研究产业集聚与全要素下的劳动生产率，得出结论：技术改革对产业专业化集聚条件下的生产效率具有明显的促进作用。崔宇明等（2013）进一步研究发现了这种促进作用具有门槛效应，城市化水平的不断提升进一步强化了技术创新对全要素生产率的正向作用。作者认为，城市群为产业集聚提供了良好的环境，成为推动经济增长的新力量。以城市群与产业集聚互动为前提条件，从分析产业集聚对生产效率的影响入手，研究城市群全生产要素如何在共享城市群基础设施、政策优惠措施和知识溢出前提下对专业化集聚和多样集聚生产率的不同作用。

（三）劳动生产率提升效应

人口红利消失对于经济发展的推动力下降，指的是人口数量优势消失，此时需要采取的措施就是提高人口质量，提高劳动者素质，从人口数量优势转变为人口质量优势，进而使人口持续成为推动经济发展的生产要素之一。

改革开放初期，国家在外汇储备极低的情况下，充分利用人口数量优势吸引外资进入，人口巨大红利带动了经济的崛起，推动了国内经济发展。但是随着人口老龄化现象到来，人口数量优势正在转化为人口老龄化困境。老龄化严重正在困扰中国经济的转型升级和结构优化。因为人口老龄化使得可利用的劳动人口总数减少，劳动力市场短缺，企业用工成本大幅提升，进一步增加了企业发展的压力。破解这个问题的重要措施就是实现人口数量优势向人口质量优势的转变，通过技能培训和专业培训，提高劳动者素质和专业能力，可有效提高劳动生产率。因此，产业专业化集聚模式和产业多样化集聚模式是否会对全要素劳动生产率产生影响，对劳动者素质提高和劳动者能力提升产生影响成为关注的焦点。

根据经济学原理，劳动生产率是反映人口质量红利是否对经济发展有效的指标，也是产业集聚模式和经济结构优化的指标。综合学者们的研究结论表明，城市化产业集聚模式对劳动生产率的提升具有显著作用。首先，产业集聚促使城市化发展，劳动者普遍接受越来越多的教育，劳动者学历越来越高，企业招聘到的劳动者具有更高的综合素质、更专业的技术能力和更加扎实的专业知识，这使得企业技术创新知识溢出的速度加快，企业生产效率也必然会提升。其次，产业集聚规模的扩大使大量劳动者集聚在一定区域内，对劳动者技能和专业能力的培训成本降低，企业人力资本水平明显提升。

第四章

辽中南城市群产业集聚基本情况及存在的问题

辽中南城市群是辽宁经济发展的引擎，也是全面振兴东北老工业基地的重要支撑。辽中南城市群形成以来，产业要素集聚能力显著提升，对经济增长促进作用较为明显，但在产业集聚过程中，仍存在着产业集聚模式有待优化的问题，需要对产业集聚经济社会效应规律和辽中南城市群产业集聚现状进行适当优化调整。本部分重点分析辽中南城市群产业发展现状，为测算辽中南城市群产业集聚水平和设定合理产业集聚模式优化机制提供基础。

第一节　辽中南城市群集聚基本情况

一、辽中南城市群经济发展概况

（一）辽中南城市群概况

辽中南城市群以沈阳市和大连市为核心，还包括鞍山、抚顺、本溪、丹东、营口、辽阳、盘锦和铁岭。沈阳是辽宁省省会城市，也是东北地区特别重要的中心城市。大连是中国东部沿海地区重要的经济、贸易、港口和旅游城市。鞍山是钢铁工业城市，抚顺是煤矿城市的代表，本溪和辽阳是沈阳经济区副中心城市，营口是"一带一路"倡议的重要交通节点，丹东是东北亚经济圈、黄海经济圈和环渤海经济圈的交汇点，盘锦是新兴石油化工城市，铁岭是辽宁的重要的粮食基地。辽中南城市群内部各地区资源禀赋存在一定差异，经济发展模式也有所不同，但形成了以沈阳和大连为核心的经济协同发展模式，经济要素集聚效应明显。作为传统东北老工业基地的重要组成部分，辽中南城市群工业化起步较早，对国家工业化水平提升发挥了重要作用。

辽中南城市群是我国重要的工业基地之一，区域内集中了大量优势资源和经济要素，形成了经济、文化、政治及社会较为发达的局面。

从国内地理位置上看，辽中南城市群位于东北平原的南部，渤海湾的北部，北与长春、哈尔滨相连，南与华北平原及长江以南经济区相连，是国内经济重要的中转站及东北亚地区重要的出海口。

从区域地理位置上来看，向北、向西经陆上交通与航空与俄罗斯远东地区、蒙古国联系紧密，向东经丹东与朝鲜紧密联系，向南经海陆与东亚发达国家日本、韩国相望，可谓区域地理位置优越，交通四通八达，人员、物资流动便捷。

从城市群所属地区自然环境来看，辽中南城市群所属的沈阳、大连等几个大型城市及海城、瓦房店、新民、大石桥、灯塔等县级市均属于北温带半湿润季风气候，四季分明，环境怡人，雨水充沛，河流纵横，丘陵起伏，土地肥沃，粮食作物生产茂盛，自然资源储藏丰富，聚集了东北地区一半以上的人口，大多数工业企业和商业，大量的公路、铁路交通网。从优越的地理位置和丰富的经济资源来看，辽中南城市群未来振兴发展前景充满期待。

（二）辽中南城市群的经济发展概况

在推动经济发展的各类条件中，除了自身拥有的自然地理要素和社会人文资源，辽中南城市群还拥有悠久的工业历史和雄厚的工商业产业积淀,工商业门类齐全,经济发展各类配套措施完善,使其具备了一定的经济发展先天优势。以东北地区经济发展数据为例,以下是辽中南城市群与东北地区经济发展对比情况(见表4-1)。

表4-1   辽中南城市群经济发展数据与辽宁省、东北地区比较 (2017年)

项目	辽中南城市群	辽宁省	东北地区	占辽宁省比重 (%)	占东北地区比重 (%)
GDP (亿元)	20623.4	23409.1	54255.5	88.1	38.0
从业人数 (万人)	1754.3	2409.9	4527.6	72.8	38.7
社会固定资产投资 (亿元)	5994.2	6444.7	12006.4	93.0	49.9
公共财政收入 (亿元)	1826.5	2390.2	4120.95	76.4	44.3
进出口 (亿美元)	529.8	1004	1252.62	52.8	42.3
利用外资 (万美元)	504999	534516	1630102	94.5	31.0

资料来源:中商产业研究院大数据库 (2017年)。

表4-1显示了辽中南城市群与辽宁省、东北地区经济发展在数据上的差异。从地区生产总值来看,辽中南城市群 2015 年 GDP 为 20623.4 亿元,辽宁省为 23409.1 亿元,东北地区为 54255.5 亿元,辽中南城市群 GDP 分别是辽宁省的 88.1%、东北地区的 38.0%。可以肯定,即使在辽宁省出现经济断崖式下跌的情况下,辽中南城市群仍然为辽宁省贡献了绝大部分 GDP,也几乎占到了东北地区经济总量的 40%。在从业人数方面,辽中南城市群 1754.3 万人的数据也非常显著,占到辽宁全省的 72.8%,东北地区的 38.7%。在辽宁省经济增长和投资出现倒退的情况下,辽中南城市群全社会固定资产投资仍然为 5994.2 亿元,占辽宁省的 93.0%,占东北地区的 49.9%。从公共财政收入来看,辽中南城市群为 1826.5 亿元,分别是辽宁省的 76.4%、东北地区的 44.3%。进出口贸易方面,辽中南城市群为 529.8 亿美元,辽宁省为 1004 亿美元,东北地区为 1252.62 亿美元,分别是辽宁省的 52.8% 和

东北地区的 42.3%，比 2016 年同比增长 12.3% 和 10.2%。进出口数据的较大增长反映了辽宁自贸区建设对辽中南城市群和辽宁省经济发展的拉动作用持续显现，这将进一步增强辽中南城市群的综合实力和地区竞争力。另外，在外资方面，虽然政府出台相关措施加强了管控，但是辽中南城市群还是达到了 504999 万美元，同期辽宁省为 534516 万美元，而东北地区为 1630102 万美元，所占比例也达到了 30% 多。从以上这些数据来看，辽中南城市群经济发展在辽宁省乃至东北地区有着得天独厚的有利条件。

除了经济方面的数据在辽宁省和东北地区表现非常突出，辽中南城市群在科学教育、文化艺术和技术创新等方面也占据优势地位。人口是经济活动的前提，经济活动的本质是人的活动。人口数量是衡量了一个地区经济发展水平的重要参数。2017 年辽中南城市群人口数量为 3119.7 万人，占辽宁省的 72.4%，占东北地区的 29.1%。该地区用不到 13% 比例的面积聚集了东北地区近 30% 的人口。人口集聚除了有利于产业化发展之外，也有利于社会医疗、教育、卫生等社会保障水平的提高。从辽中南城市群的高校数量来看，区内占据了辽宁省 83% 以上的高等教育资源，形成了辽中南城市群在高等教育方面的优势地位。与此同时，东北地区与高等教育机构有密切联系的科研技术和基础研究等科学服务机构也遍布于该城市群区域，所拥有的科研力量占东北地区的 60% 以上。这些科研技术单位与当地企业相结合，为辽中南城市群结构优化、技术创新和产业升级提供了源源不断的技术动力，是辽宁省乃至东北地区经济振兴的重要力量。虽然近年来，辽中南城市群人口总量略有减少，由 2012 年 3014 万人降低至 2016 年 3008 万人。但是在辽中南城市群内部，各地区人口发展趋势有所不同，沈阳市和大连市作为核心城市，人口总量有增无减，除盘锦之外的其他城市，人口数量有所降低。人口数量的减少并不说明经济下滑，相反人口数量的减少与流动正是辽中南城市群经济结构调整、淘汰落后产业、扶持新兴产业发展、转变经济发展方式的结果。尤其是作为辽中南城市群核心城市的沈阳市和大连市，应当在供给侧机构改革方面率先行动，带动城市群内部其他地区产业发展，通过产业规模经济的溢出效应带动城市群产业集聚水平提升（见表4－2）。

表4－2　　　　　　　辽中南城市群人口数量　　　　　　　单位：万人

地区	2012 年	2013 年	2014 年	2015 年	2016 年
沈阳	725	727	731	730	734
大连	590	591	594	594	596
鞍山	350	350	348	346	346
抚顺	219	218	217	216	215
本溪	153	152	152	151	150
丹东	241	240	240	238	238
营口	235	233	233	233	233
阜新	192	191	191	190	189
辽阳	180	180	180	179	179
盘锦	129	129	129	130	130
辽中南城市群	3014	3011	3016	3006	3008

资料来源：《辽宁统计年鉴》（2013～2017）。

二、辽中南城市群形成与演变轨迹

关于辽中南城市群的历史演变轨迹及其各阶段的划分，目前学者们并没有形成统一的认识。笔者根据研究需要，结合相关资料，在仔细研究美国东北部城市群历史演变的基础上，逐渐理清了辽中南城市群历史发展轨迹和趋势。

（一）辽中南工业区形成的初期基础阶段

辽中南城市群是我国近代工业的摇篮。历史上，东北地区由于区域地理上与俄国、日本联系紧密，很早就有外国资本势力介入，他们在此区域投资兴办工厂，或开展商业活动，形成了半殖民地半封建社会时期中国最早的工业雏形。

辽中南城市群工业真正开始形成并发展始于清末开展的洋务运动。学者葛玉红（1999）指出，清末洋务运动期间，一批有先见之明的官僚、地主阶级士绅等开始在东北地区投资兴办企业，到民国初年，形成了辽中南城市群企业最早的中国近代工业，这些民族工业在1920～1930年间获得了快速发展。在工业和经济发展的带动下，辽中南城市群基础设施、科学教育、文化艺术和技术创新等各项指标也都位居全国首位。总体来看，这一时期是辽中南城市群工业形成与发展阶段，第一产业为主，第二产业占重要比例，为主要发展方向，第二产业中以重工产业和军事工业为主。

（二）辽中南城市群工业化时期的重工业经济发展阶段

辽中南城市群重工业经济发展阶段指的是该区域内重工业得到大力发展并逐渐成为主导型产业。这一时期大致从20世纪50年代初到21世纪国家提出东北振兴战略之前，前后大约60年的发展历程。这一阶段是辽中南城市群工业化辉煌时期。

1. 工业化初中期重工业经济成长阶段

新中国成立以后，由于辽中南城市群原有的重工业基础，国家决定将辽中南城市群打造成为国家级重工业基地。于是从这一时期开始，辽中南城市群开始了重工业经济成长并逐渐发展壮大，最后一跃成为共和国"长子"，为国家工业化建设做出了不可磨灭的贡献。1979年，辽中南城市群重工业产值占比例高达82%，占东北地区的比例高达68%，占全国产值比重高达54%。这一时期，由于国家战略的需要，在政府计划经济的调配下，中国几乎所有的重工业资源和产品集聚到辽中南区域。随着资源的不断流入，来自全国的技术人才和工人也汇入辽中南城市群各大工业城市。人口的激增带来了企业规模的扩大和产业化发展，城市规模不断扩大，交通、医疗、卫生、教育等社会事业持续发展，区域内城市化水平不断提高。辽中南城市群中的重要工业化城市几乎都是在这个时期崛起的（见表4-3）。

表4-3　　　辽中南城市群重要工业城市规模及分级（2015年）

城市分级	城市名称	人口（万人）	占辽中南城市群比重（%）
特大城市	沈阳	730.4	23.44
	大连	539.6	19.05
	分类小计	1324.0	42.48
Ⅰ型大城市	鞍山	346.0	11.10
	铁岭	300.4	9.64
	分类小计	646.4	20.74
Ⅱ型大城市	丹东	238.1	7.64
	营口	232.6	7.46
	抚顺	215.8	6.92
	辽阳	179	5.74
	本溪	151.2	4.85
	盘锦	129.5	4.16
	分类小计	1146.2	36.78

资料来源：笔者根据2016年《辽宁统计年鉴》相关数据计算而得。

沈阳、大连最先形成了全国特大城市，紧接着是鞍山、铁岭等大Ⅰ型城市及抚顺、本溪、辽阳、丹东、营口、盘锦等一批大Ⅱ型工业化大城市也发展起来。从上表可以看出，沈阳、大连两座城市常住人口均在500万人以上，鞍山、铁岭的规模在300万人以上，丹东、营口等人口规模在100万人以上。辽中南城市群共计有10座百万人规模以上的城市。在工业规模方面，沈阳、大连、鞍山、铁岭四座大城市共计占比63%。这些大型工业化城市之间依靠发达的铁路交通相互联系，并根据各自资源特点形成了独特的产业分工，初步构建了一个重工业体系，于是辽中南城市群也就相应产生了。

从表4-4可以看出，由于优先发展重工业的政策，辽中南城市群第二产业普遍发达，区域生产总值中第二产业占比例超过46%以上，超过全国平均水平6个百分点。除丹东外，本城市群城市均高于全国平均水平。其中，本溪、辽阳、盘锦第二产业占比超过50%，辽阳第二产业高于全国平均水平14.54%。

表4-4 辽中南城市群城市第二产业产值在三个

产业中的占比（2015年） 单位：%

城市	第二产业占比	城市	第二产业占比
沈阳	47.77	丹东	40.91
大连	43.31	营口	48.05
鞍山	47.19	辽阳	55.27
抚顺	48.87	盘锦	53.48
本溪	51.43	铁岭	31.79
辽中南城市群		46.44	
全国		40.93	

资料来源：笔者根据2016年《辽宁统计年鉴》相关数据计算而得。

2. 工业化中后期的重工业经济衰落阶段

进入20世纪七八十年代，到21世纪初，在内外部环境的交困下，辽中南城市群开始从辉煌走向了衰落。从城市群内部情况来看，辽中南城市群大多数城市面临资源枯竭、优质人口外流、企业缺乏创新、市场需求缺乏活力等问题。这些问题都是重工业化城市进入衰落期的后遗症。从城市群外部环境来看，国家整体经济发展体制从计划经济转向市场经济，企业生产模式从由国家下达指令生产向根据市场需求组织开展自主经营生产转变，国际贸易走出意识形态的樊笼开始向外资开放并走向国际市场，国家政策和资源也开始向经济特区和开放城市转移。与此同时，辽中南城市群大多数城市普遍面临经济需求管理政策的边际效益递减情况。具体表现在：区域产业单一，结构不合理，缺乏轻工业和其他出口型产业，第三产业层次不高且缺乏深度；企业采取粗放式经营，依靠资源拉动产值，劳动生产效率低下，经营质量与企业利润低下。由于产业结构调整不到位，企业技术创新和转型发展缓慢，社会总体固定资产投资出现了负增长，经济增长失去了动力，区域经济进出量下降，总体来看，大部分城市深陷重工业发展衰落后期泥潭。最直接最深刻的体现是在 2014 年辽中南城市群区域总体生产总值出现断崖式下跌，2015 年区域总体经济增长率位居全国倒数第一。2016 年前后区域经济增长率均低于全国平均水平。

（三）辽中南城市群新一轮东北振兴战略高效益的综合发展阶段

从国家开始实施新一轮东北振兴战略规划开始，尤其是近年来辽宁设立自由贸易区之后，辽中南城市群经济发展的内外部经济发展环境有了新的变化，经济发展开始出现了转机。表 4 - 5 从 2017 年辽中南城市群第一、第二、第三产业结构占比说明了这种变化。

表 4 - 5　辽中南城市群城市第二、第三产业产值占比比较（2017 年）单位：%

城市名称	第二产业占比	第三产业占比
沈阳	47.77	47.53
大连	43.31	50.83
鞍山	47.19	46.97
抚顺	48.87	43.07
本溪	51.43	42.81
丹东	40.91	43.18
营口	48.05	44.63
辽阳	55.27	37.67

续表

城市名称	第二产业占比	第三产业占比
盘锦	53.48	36.89
铁岭	31.79	40.53
辽中南城市群	46.44	46.58
全国	40.93	50.19

资料来源：笔者根据 2018 年《辽宁省统计年鉴》统计计算得出。

从表 4 - 5 可以看出，2017 年辽中南城市群各大城市的第三产业占比持续增长，所有城市均比 2015 年比例有所增长。其中大连第三产业产值占比例较大，且增长率较高。与此同时，辽中南城市群各大城市第二产业也持续发展，产值所占比例为 46.44%，整体占比高于全国平均水平 40.93%。这说明辽中南城市群区域经过二十多年产业结构不断调整、优化，地区第三产业获得了快速发展，尤其是一些高新技术企业和服务业成为推动地区新一轮经济产值增长的主要动力。同时，一些企业通过技术创新和转型升级，带动了企业生产，经营管理开始出现了活力，企业产值又实现了新发展。

虽然情况有所好转，但是毕竟辽中南城市群实现由传统工业城市向新兴工业城市的转变还需要一个持续的发展过程。尤其是 2017 年虽然第三产业有所增长，但是从所占比例来看，除了大连其他大多数城市还低于全国平均水平。另外，该区域还面临着观念落后、市场经济活力不够、高素质人才持续外流等问题。但是，从大的宏观环境来看，辽中南城市群未来发展的内外部环境会得到持续优化。首先，2014 年东北新一轮振兴上升为国家战略，国家优惠政策持续释放出推动地区经济发展的活力，辽宁自贸区建设不断发展，外资和国际物资源源不断地流向该区域，辽中南城市群发展迎来了国家机遇。从周边国际环境来看，俄罗斯日益重视远东开发，与中国经济贸易大幅增加，蒙古国也制定了经济发展规划，辽中南城市群有望向西取得突破。中美贸易谈判不断取得实质性进展，朝鲜与美国关系有所缓和，东北亚政治局面的和平稳定为中、日、韩、朝四国经济合作和交流提供了有利条件，辽中南城市群发展即将迎来新的地区国际机遇。辽中南城市群雄厚的工业化实力、庞大的城市规模等级是该区域从传统工业化转向新型工业化，实现高效益的综合发展阶段的坚实基础。

三、辽中南城市群产业发展趋势

（一）辽中南城市群产业增加值总体水平

辽中南城市群在辽宁省经济总量中占有重要地位，辽中南城市群产业增加值水平直接决定了地方经济发展趋势。根据辽宁统计年鉴中的统计数据，整理得到辽中南城市群产业增加值总体水平及经济总量发展趋势。

辽中南城市群生产总值在 2012 ~ 2015 年间呈现先增长后平稳的发展趋势，由 2012 年的 23585 亿元增加至 2013 年的 25633 亿元，此后基本保持稳定。2016 年受辽宁经济下滑等因素影响，辽中南城市群生产总值下降比较明显。[①] 除 2016 年之外，辽中南城市群第一产业增加值基本保持稳定发展趋势，第二产业增加值总体呈下降特征，由 2012 年 12701 亿元下降至 2015 年 11691 亿元，第三产业增加值快速上升，由 2012 年 9307 亿元增加至 2015 年 11665 亿元。

通过对辽中南城市群产业增加值水平统计分析可以发现：（1）三次产业的增加值总量增长趋势不明显，不利于促进辽宁经济发展和振兴东北老工业基地；（2）虽然经济增量增长趋势不明显，但三次产业结构持续升级，第三产业增加值提升补偿了第二产业增加值下降水平（见表 4 - 6）。

---

① 2016 年统计数据波动较大，一方面是由于辽宁省统计数据调整，另一方面是由于经济下滑导致的数据下降，在现状部分本书对 2016 年基本情况进行阐述，而在后续计量检验部分，主要采用 2015 年之前的数据，主要是为了剔除统计数据调整的异常情况。

表4-6　　　　　　　　　辽中南城市群产业增加值整体水平　　　　　　单位：亿元

年份	生产总值	第一产业	第二产业	第三产业
2012	23585	1577	12701	9307
2013	25633	1676	13722	10235
2014	25082	1611	12617	10855
2015	25031	1676	11691	11665
2016	19445	1484	7829	10132

资料来源：《辽宁统计年鉴》（2013～2017）。

在辽中南城市群产业发展过程中，产业结构升级水平显著提升。近年来，辽中南城市群第一产业增加值占 GDP 比重保持相对稳定水平，第二产业增加值占比持续下降，由 2012 年的 53.85% 下降至 2016 年的40.26%，而第三产业增加值占比由 2012 年的 39.46% 增加至 2016 年的52.11%。辽中南城市群产业结构由第二产业占主导逐步转变为由第三产业为主导。辽中南城市群产业结构升级对经济增长、城镇化和产业资源优化配置等产生了积极影响（见表 4-7）。

表4-7　　　　　　　　　辽中南城市群三次产业占比　　　　　　　　单位：%

年份	第一产业增加值占比	第二产业增加值占比	第三产业增加值占比
2012	6.69	53.85	39.46
2013	6.54	53.53	39.93
2014	6.42	50.30	43.28
2015	6.69	46.70	46.60
2016	7.63	40.26	52.11

资料来源：《辽宁统计年鉴》（2013～2017）。

本书进一步对辽中南城市群人均 GDP 水平进行分析，GDP 总量容易受人口规模、地域规模等因素影响而不能准确反映经济增长情况，人均 GDP 是反映经济增长的核心指标。辽中南城市群人均 GDP 水平由

2012 年的 78248 元增加至 2013 年的 85138 元，此后略有下降。2016 年受辽宁省经济增长下滑等因素影响，人均 GDP 水平降低趋势明显。人均 GDP 增长乏力说明虽然辽中南城市群产业结构升级水平持续提升，但并未显著促进经济增长，产业要素集聚和产业结构调整过程中可能存在一定的问题，需要进一步调整和优化（见图 4 – 1）。

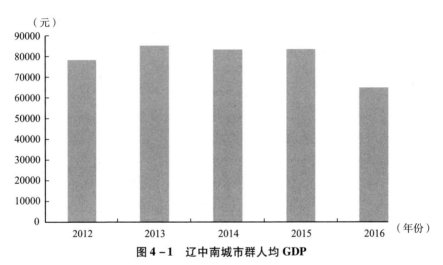

图 4 – 1 辽中南城市群人均 GDP

资料来源:《辽宁统计年鉴》(2013~2017)。

（二）辽中南城市群各地区产业增加值水平

在辽中南城市群内部，各地区三次产业发展存在一定程度的差异。在辽中南城市群各地区之中，大连市生产总值水平最高，2016 年达到6810 亿元，而阜新市生产总值水平最低，2016 年仅为 408 亿元。从分产业发展水平来看，大连市第一产业、第二产业和第三产业的增加值水平均处于辽中南城市群内部最高水平，抚顺市第一产业增加值水平最低，阜新市第二产业和第三产业增加值水平在辽中南城市群内部水平最低（见表 4 – 8）。

表 4 - 8　　　　　辽中南城市群各地区产业增加值水平（2016 年）　　　单位：亿元

地区	生产总值	第一产业	第二产业	第三产业
沈阳	5546	266	2152	3129
大连	6810	463	2850	3498
鞍山	1462	100	524	838
抚顺	865	58	436	371
本溪	767	68	333	366
丹东	751	128	231	392
营口	1156	111	471	574
阜新	408	96	111	201
辽阳	667	72	272	323
盘锦	1013	121	449	442

资料来源：《辽宁统计年鉴》（2017）。

本书进一步分析辽中南城市群内部各地区产业结构升级水平及变化趋势。由于辽中南城市群 2016 年数据波动性较大，本书以 2015 年为基本分析年份，说明辽中南城市群内部各地区产业结构发展差异。现阶段，鞍山市第三产业增加值占比最高，达到了 57.32%，沈阳市处于第二位，抚顺市受资源禀赋等因素影响，第三产业增加值占比在辽中南城市群内部最低，仅为 42.88%。从产业结构升级的变化趋势来看，辽中南城市群各地区产业结构升级趋势较为明显，如沈阳市第三产业增加值占比由 2012 年的 43.99% 增长至 2015 年的 56.41%。沈阳市、大连市、鞍山市和丹东市第三产业增加值占比超过了 50%，已经实现了由第二产业主导向第三产业主导的转变（见表 4 - 9）。

表 4 - 9　　　　　　　辽中南城市群各地区产业增加值占比　　　　　单位：%

地区	2012 年			2015 年		
	第一产业增加值占比	第二产业增加值占比	第三产业增加值占比	第一产业增加值占比	第二产业增加值占比	第三产业增加值占比
沈阳	4.77	51.24	43.99	4.80	38.79	56.41
大连	6.45	51.90	41.65	6.80	41.85	51.36

续表

地区	2012 年			2015 年		
	第一产业 增加值占比	第二产业 增加值占比	第三产业 增加值占比	第一产业 增加值占比	第二产业 增加值占比	第三产业 增加值占比
鞍山	5.12	53.23	41.65	6.84	35.84	57.32
抚顺	6.88	59.59	33.53	6.74	50.38	42.88
本溪	5.41	60.65	33.94	8.84	43.46	47.70
丹东	13.79	50.08	36.13	17.01	30.77	52.22
营口	7.50	53.50	39.00	9.60	40.77	49.63
阜新	22.39	45.68	31.92	23.65	27.17	49.19
辽阳	6.32	63.18	30.50	10.81	40.82	48.37
盘锦	8.71	67.76	23.53	11.98	44.37	43.65

资料来源:《辽宁统计年鉴》(2013 年、2016 年)。

　　本书进一步以第三产业增加值与第二产业增加值之比作为产业结构升级指数,反映各地区产业结构升级水平及变化趋势。辽中南城市群各地区产业结构升级趋势明显,其中阜新市产业结构升级变化幅度最大(见图 4 - 2)。

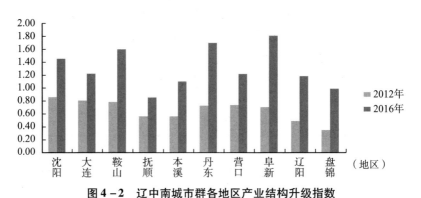

图 4 - 2　辽中南城市群各地区产业结构升级指数

资料来源:《辽宁统计年鉴》(2013、2017)。

四、辽中南城市群产业就业分布

（一）辽中南城市群产业就业分布总体水平

产业就业水平是反映劳动力人口产业集聚的指标，本书对辽中南城市群三次产业及具体细分行业的就业情况进行分析，为确定产业集聚模式和测算辽中南产业集聚水平提供数据基础。

辽中南城市群就业总人口及三次产业就业人口数量呈现一定的波动性特征，但总体上保持了相对稳定的水平。就业总人口在2013年增加至1839万人，而在2015年有所下降，2016年又反弹提升至1839万人。辽中南城市群第一产业就业人数比较稳定，第二产业就业人数基本保持在560万人左右，第三产业就业人数波动发展至851万人（见表4－10）。

表4－10　　　　　　　辽中南城市群产业就业人数　　　　　　　单位：万人

年份	就业总人口	第一产业就业人数	第二产业就业人数	第三产业就业人数
2012	1765	429	503	833
2013	1839	424	565	851
2014	1884	422	557	905
2015	1725	421	486	817
2016	1839	424	565	851

资料来源：《辽宁统计年鉴》（2013~2017）。

辽中南城市群三次产业就业比重反映了劳动力产业分布情况。在2012~2014年，辽中南城市群第一产业就业比重平稳下降，由2012年的24.29%下降至2014年的22.4%，在2014~2016年第一产业就业比重有所波动，呈现先增加后降低的特征。第二产业就业比重波动发展，2012~2013年第二产业就业比重略有提升，2013~2015年第二产业就业比重开始下降，而2016年第二产业就业比重再次提升。第三产业就业比重总体上略有下降，2012 年第三产业就业比重为 47.19%，而 2016 年第三产业就业比重波动下降至 46.25%（见表 4-11）。

表 4-11　　　　　　　　辽中南城市群产业就业比重　　　　　　单位：%

年份	第一产业就业比重	第二产业就业比重	第三产业就业比重
2012	24.29	28.52	47.19
2013	23.03	30.72	46.25
2014	22.40	29.56	48.04
2015	24.42	28.20	47.38
2016	23.03	30.72	46.25

资料来源：《辽宁统计年鉴》（2013～2017）。

三次产业就业人数和就业比重反映了辽中南城市群劳动力资源在三次产业间的分布情况，为了准确判断辽中南城市群就业情况，本书进一步对不同行业的就业人数及变化趋势进行分析。[①] 根据统计数据，辽中南城市群部分行业就业人数呈现下降趋势，如农林牧渔业就业人数波动性下降、制造业就业人数持续下降；部分行业就业人数逐渐增加，如金融业、信息软件行业等就业人数波动性上升（见表 4-12）。

表 4-12　　　　　　　　辽中南城市群分行业就业人数　　　　　　单位：万人

行业	2012 年	2013 年	2014 年	2015 年	2016 年
农、林、牧、渔业	204109	193299	198081	188721	190516
采矿业	245156	241949	235245	216777	186892
制造业	1454190	1537975	1411067	1279677	1133473
电力、燃气及水的生产和供应业	115482	119728	118597	107539	109004
建筑业	427717	764585	708725	608129	456924
批发和零售业	169628	226689	213820	207451	181385

---

① 行业划分依据采用《辽宁统计年鉴》中对三次产业中相关行业的划分标准。

续表

行业	2012 年	2013 年	2014 年	2015 年	2016 年
交通运输、仓储及邮政业	177770	220684	221171	211472	207561
住宿和餐饮业	59814	65074	58994	54252	50021
信息传输、软件和信息技术服务业	75667	108776	109852	111303	106917
金融业	142878	146699	151367	148646	147868
房地产业	107244	115562	122098	109111	98268
租赁和商务服务业	77352	110733	100225	91448	89345
科学研究和技术服务业	128824	135843	133768	125538	107163
水利、环境和公共设施管理业	110749	115189	119694	115696	101834
居民服务、修理和其他服务业	15049	16773	15484	13577	12208
教育	421184	431422	437521	419612	385947
卫生和社会工作	234975	257215	265379	255253	230452
文化、体育和娱乐业	41644	46053	43042	41669	41878
公共管理、社会保障和社会组织	369159	372077	374379	374670	368262

资料来源：《辽宁统计年鉴》（2013～2017）。

　　辽中南城市群分行业就业比重发展趋势存在差异，部分行业就业比重逐渐降低，如采矿业就业人口比重由 2012 年的 5.35% 下降至 2016 年的4.44%，制造业就业比重由 2012 年的 31.76% 下降至 2016 年的 26.95%。部分行业就业比重有所提升，如信息软件行业就业比重由 2012 年的1.65% 上升至 2016 年的 2.54%。不同行业就业比重变化反映了产业转型升级和结构优化的发展趋势。传统农业和制造业适当下降，而新兴产业逐渐发展，有利于实现经济持续增长和经济结构调整的目标（见表 4-13）。

表 4-13　　　　　　　辽中南城市群分行业就业比重　　　　单位：%

行业	2012 年	2013 年	2014 年	2015 年	2016 年
农、林、牧、渔业	4.46	3.70	3.93	4.03	4.53
采矿业	5.35	4.63	4.67	4.63	4.44

续表

行业	2012 年	2013 年	2014 年	2015 年	2016 年
制造业	31.76	29.43	28.01	27.34	26.95
电力、燃气及水的生产和供应业	2.52	2.29	2.35	2.30	2.59
建筑业	9.34	14.63	14.07	12.99	10.86
批发和零售业	3.70	4.34	4.24	4.43	4.31
交通运输、仓储及邮政业	3.88	4.22	4.39	4.52	4.93
住宿和餐饮业	1.31	1.25	1.17	1.16	1.19
信息传输、软件和信息技术服务业	1.65	2.08	2.18	2.38	2.54
金融业	3.12	2.81	3.00	3.18	3.52
房地产业	2.34	2.21	2.42	2.33	2.34
租赁和商务服务业	1.69	2.12	1.99	1.95	2.12
科学研究和技术服务业	2.81	2.60	2.65	2.68	2.55
水利、环境和公共设施管理业	2.42	2.20	2.38	2.47	2.42
居民服务、修理和其他服务业	0.33	0.32	0.31	0.29	0.29
教育	9.20	8.25	8.68	8.97	9.18
卫生和社会工作	5.13	4.92	5.27	5.45	5.48
文化、体育和娱乐业	0.91	0.88	0.85	0.89	1.00
公共管理、社会保障和社会组织	8.06	7.12	7.43	8.00	8.76

资料来源:《辽宁统计年鉴》(2013~2017)。

(二) 辽中南城市群各地区产业就业分布水平

本书进一步对辽中南城市群各地区产业就业水平进行分析,在就业人口总量方面,大连市和沈阳市就业人口总量高于其他地区,这一方面是受人口总量影响,沈阳市和大连市人口数量显著高于其他城市,另一方面受经济发展水平影响,沈阳市和大连市经济发展水平较高,产业就业容载力较大(见表4-14)。

表 4 – 14　　　辽中南城市群各地区三次产业就业人数（2016 年）　　单位：万人

地区	就业总人口	第一产业就业人数	第二产业就业人数	第三产业就业人数
沈阳	403	76	128	199
大连	473	62	157	254
鞍山	176	47	63	66
抚顺	112	31	33	48
本溪	75	14	26	35
丹东	134	45	36	53
营口	154	37	41	76
阜新	115	39	28	48
辽阳	93	32	29	32
盘锦	106	41	25	40

资料来源：《辽宁统计年鉴》（2017）。

在产业就业比重层面，大连市第三次产业就业比重最高，2016 年达到了 53.77%，是辽中南城市群中唯一超过 50% 的城市。盘锦市第一产业就业比重最高，2016 年达到了 38.81%，而其产业增加值占经济总量比重仅为 10%，说明辽阳市第一产业劳动生产率水平偏低，需要在产业结构优化升级过程中进行调整。鞍山市以鞍钢等企业为依托，第二产业就业比重最高（见表 4 – 15）。

表 4 – 15　　　辽中南城市群各地区三次产业就业比重（2016 年）　　单位：%

地区	第一产业就业比重	第二产业就业比重	第三产业就业比重
沈阳	18.82	31.80	49.38
大连	13.11	33.12	53.77
鞍山	26.83	35.52	37.65
抚顺	27.99	29.15	42.86
本溪	18.98	34.74	46.28

续表

地区	第一产业就业比重	第二产业就业比重	第三产业就业比重
丹东	33.50	26.79	39.71
营口	23.89	26.73	49.38
阜新	33.49	24.61	41.90
辽阳	34.61	31.33	34.06
盘锦	38.81	23.50	37.68

资料来源：《辽宁统计年鉴》（2017）。

本书进一步对辽中南城市群各地区分行业就业人数及比重水平进行分析。根据统计数据，农林牧渔业和居民服务业就业水平偏低，而制造业仍是就业主导产业，就业人数在总就业人口中占比最高（见表4-16）。

表4-16　　　辽中南城市群各地区分行业就业人数（2016年）　　单位：万人

行业	沈阳	大连	鞍山	抚顺	本溪
农、林、牧、渔业	2151	5800	2884	4004	830
采矿业	21211	1804	2844	31916	12194
制造业	259116	389019	152957	59232	70135
电力、燃气及水的生产和供应业	32189	15412	12836	11251	6739
建筑业	184163	73389	56072	21700	26441
批发和零售业	75751	42965	16730	7279	4908
交通运输、仓储及邮政业	42447	66579	22118	9165	8048
住宿和餐饮业	19168	16394	3259	914	1384
信息传输、软件和信息技术服务业	21636	63234	3425	2363	3547
金融业	33879	39767	16604	9186	7323
房地产业	26477	35922	7976	3702	2724
租赁和商务服务业	30545	24087	11764	3322	6376

续表

行业	沈阳	大连	鞍山	抚顺	本溪
科学研究和技术服务业	47586	18454	14323	4291	2426
水利、环境和公共设施管理业	31957	13483	10329	6013	4495
居民服务、修理和其他服务业	3110	2292	2978	599	373
教育	117483	81130	42521	22546	16770
卫生和社会工作	73771	45420	22712	13847	14718
文化、体育和娱乐业	14601	10282	3810	2407	1561
公共管理、社会保障和社会组织	82469	61893	41533	24216	20564
行业	丹东	营口	阜新	辽阳	盘锦
农、林、牧、渔业	2180	950	3478	2807	165432
采矿业	2215	329	18068	294	96017
制造业	47109	63018	9052	49940	33895
电力、燃气及水的生产和供应业	7435	9368	7537	1375	4862
建筑业	24298	17236	12167	19351	22107
批发和零售业	6785	12878	4423	3309	6357
交通运输、仓储及邮政业	6983	36990	3654	4207	7370
住宿和餐饮业	2157	3614	611	333	2187
信息传输、软件和信息技术服务业	3322	3664	2001	1723	2002
金融业	8846	11444	7525	6781	6513
房地产业	9780	3131	1888	3176	3492
租赁和商务服务业	1885	4589	1410	1884	3483
科学研究和技术服务业	8129	3376	2303	2247	4028
水利、环境和公共设施管理业	8384	7647	4467	6421	8638
居民服务、修理和其他服务业	759	602	352	417	726
教育	27610	21209	24472	15539	16667
卫生和社会工作	17669	12430	11599	10097	8189

续表

行业	丹东	营口	阜新	辽阳	盘锦
文化、体育和娱乐业	1880	1872	1538	1290	2637
公共管理、社会保障和社会组织	26532	37701	23216	21590	28548

资料来源:《辽宁统计年鉴》(2017)。

从分行业就业比重角度来看,沈阳市农林牧渔产业就业比重最低,盘锦市农林牧渔业就业比重最高。而制造业方面,大连市就业占比最高,阜新市就业比重最低。通过行业就业比重发现,不同地区资源禀赋差异会导致就业结构差异,如抚顺市和阜新市受矿产资源禀赋影响,采矿业就业人数占比显著高于其他地区(见表4-17)。

表4-17 辽中南城市群各地区分行业就业比重(2016年) 单位:%

行业	沈阳	大连	鞍山	抚顺	本溪
农、林、牧、渔业	0.19	0.58	0.64	1.68	0.39
采矿业	1.89	0.18	0.64	13.41	5.76
制造业	23.14	38.62	34.17	24.89	33.15
电力、燃气及水的生产和供应业	2.87	1.53	2.87	4.73	3.19
建筑业	16.45	7.29	12.53	9.12	12.50
批发和零售业	6.77	4.27	3.74	3.06	2.32
交通运输、仓储及邮政业	3.79	6.61	4.94	3.85	3.80
住宿和餐饮业	1.71	1.63	0.73	0.38	0.65
信息传输、软件和信息技术服务业	1.93	6.28	0.77	0.99	1.68
金融业	3.03	3.95	3.71	3.86	3.46
房地产业	2.36	3.57	1.78	1.56	1.29
租赁和商务服务业	2.73	2.39	2.63	1.40	3.01
科学研究和技术服务业	4.25	1.83	3.20	1.80	1.15
水利、环境和公共设施管理业	2.85	1.34	2.31	2.53	2.12

续表

行业	沈阳	大连	鞍山	抚顺	本溪
居民服务、修理和其他服务业	0.28	0.23	0.67	0.25	0.18
教育	10.49	8.05	9.50	9.47	7.93
卫生和社会工作	6.59	4.51	5.07	5.82	6.96
文化、体育和娱乐业	1.30	1.02	0.85	1.01	0.74
公共管理、社会保障和社会组织	7.37	6.14	9.28	10.18	9.72
行业	丹东	营口	阜新	辽阳	盘锦
农、林、牧、渔业	1.02	0.38	2.49	1.84	39.10
采矿业	1.04	0.13	12.93	0.19	22.69
制造业	22.02	25.00	6.48	32.69	8.01
电力、燃气及水的生产和供应业	3.47	3.72	5.39	0.90	1.15
建筑业	11.36	6.84	8.71	12.67	5.22
批发和零售业	3.17	5.11	3.16	2.17	1.50
交通运输、仓储及邮政业	3.26	14.68	2.61	2.75	1.74
住宿和餐饮业	1.01	1.43	0.44	0.22	0.52
信息传输、软件和信息技术服务业	1.55	1.45	1.43	1.13	0.47
金融业	4.13	4.54	5.38	4.44	1.54
房地产业	4.57	1.24	1.35	2.08	0.83
租赁和商务服务业	0.88	1.82	1.01	1.23	0.82
科学研究和技术服务业	3.80	1.34	1.65	1.47	0.95
水利、环境和公共设施管理业	3.92	3.03	3.20	4.20	2.04
居民服务、修理和其他服务业	0.35	0.24	0.25	0.27	0.17
教育	12.90	8.41	17.51	10.17	3.94
卫生和社会工作	8.26	4.93	8.30	6.61	1.94
文化、体育和娱乐业	0.88	0.74	1.10	0.84	0.62
公共管理、社会保障和社会组织	12.40	14.96	16.61	14.13	6.75

资料来源:《辽宁统计年鉴》(2017)。

第二节　辽中南城市群产业集聚中存在的问题

辽中南城市群产业发展对促进辽宁经济发展和振兴东北老工业基地具有重要意义，近年来辽中南城市群产业增加值水平逐渐提高，内部各城市产业结构升级水平提升。本书对辽中南城市群产业增加值整体水平及内部各地区产业增加值水平进行分析，为准确判断辽中南城市群产业发展状况提供基础。

一、产业集聚相对水平下降

产业集聚反映了资本和劳动力等生产要素在区域内的集聚程度，也可以通过产业增加值水平进行度量。以产业增加值相对水平作为产业集聚水平的总体判断指标可以发现，辽中南城市群产业集聚相对水平呈现下降趋势，主要体现为辽中南城市群第二产业增加值占全国第二产业增加值比重由 2012 年的 5.19% 下降至 2015 年的 4.17%，第三产业增加值占全国第三产业增加值比重由 2012 年的 3.80% 下降至 2015 年的3.39%。从产业集聚总体水平来看，辽中南城市群第二产业和第三产业发展速度滞后于全国平均水平，说明以增加值视角进行判断，辽中南城市群总体产业集聚水平有所下降（见表 4 – 18）。

表 4 – 18　　　　　辽中南城市群产业集聚相对水平　　　　　单位：%

年份	辽中南城市群第二产业增加值占全国第二产业增加值比重	辽中南城市群第三产业增加值占全国第三产业增加值比重
2012	5.19	3.80
2013	5.24	3.68
2014	4.55	3.52
2015	4.17	3.39

资料来源：笔者根据 2012～2015 年《辽宁统计年鉴》相关数据计算而得。

二、产业集聚经济效应不显著

近年来，辽中南城市群经济增长水平下滑，2013 年辽中南城市群生产总值为 25633 亿元，2014 年生产总值降低至 25082 亿元，经济增长率为负，而 2015 年生产总值进一步降低至 25031 亿元。辽中南城市群连续出现经济负增长，不利于促进辽宁经济发展和全面振兴东北老工业基地。

辽中南城市群经济增长水平下滑的原因之一在于产业集聚的经济效应并未体现。在辽中南城市群经济增长过程中，产业结构升级水平也在逐渐提升，第三产业增加值占 GDP 比重显著提高。但是在产业结构升级过程中，第二产业增加值却呈下降趋势，2013 年辽中南城市群第二产业增加值为 13722 亿元，2014 年第二产业增加值降低至 12617 亿元，而 2015 年进一步降低至 11691 亿元。

虽然辽中南城市群第三产业增加值持续增长，但增长幅度小于第二产业增加值下降幅度，即第三产业增长难以补偿第二产业下降，所以导致辽中南城市群经济增长为负，经济增长的产业升级推力不足。而产业集聚模式有待优化有可能是导致产业升级推力不足的原因，本书以产业集聚模式优化为主要视角对辽中南城市群产业发展进行深层次分析。

三、产业集聚空间结构不合理

城市群是中国经济发展新的增长点，城市群产业集聚并不是要"均匀发力"，而是要发挥核心城市的经济增长溢出效应，以核心城市发展带动城市群内其他城市的发展。辽中南城市群在发展过程中核心城市与非核心城市的经济发展梯度结构尚未形成，核心城市的经济发展溢出效应难以有效发挥。

以人均 GDP 为指标进行判断，沈阳市和大连市是辽中南城市群的核心城市。现阶段，辽中南城市群内部大连市人均 GDP 水平最高，沈阳市人均 GDP 水平低于盘锦市，说明核心城市的发展有待进一步加强（见图 4 - 3）。

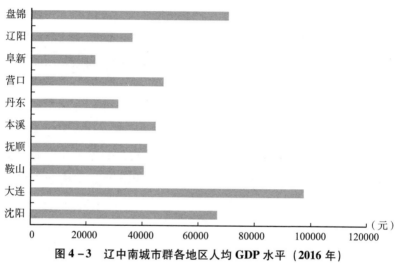

图 4 - 3　辽中南城市群各地区人均 GDP 水平（2016 年）

资料来源：《辽宁统计年鉴》（2017）。

四、产业集聚质量有待提升

产业集聚发展不仅要实现水平提升，而且更要注重产业集聚的质量，劳动生产率水平是反映经济发展质量的重要指标之一。

在辽中南城市群产业集聚发展过程中，产业结构升级水平逐渐提升，表现为第二产业增加值占 GDP 比重持续下降，而第三产业增加值占 GDP 水平显著提升。但伴随着辽中南城市群产业结构升级，第二产业劳动生产率却有待提高。

辽中南城市群第二产业增加值占比呈现明显下降趋势，但辽中南城市群第二产业就业占总就业人口比重却基本保持稳定，就业占比与增加值占比的变动趋势相偏离，说明第二产业劳动生产率下降，辽中南城市群产业结构升级是在第二产业劳动生产率下降的条件下成立的，这是不合理的发展方式（见表4－19）。

表4－19　　　　辽中南城市群产业增加值占比与就业占比　　　　单位：%

年份	第二产业增加值占比	第二产业就业比重	第三产业增加值占比	第三产业就业比重
2012	53.85	28.52	39.46	47.19
2013	53.53	30.72	39.93	46.25
2014	50.30	29.56	43.28	48.04
2015	46.70	28.20	46.60	47.38
2016	40.26	30.72	52.11	46.25

资料来源：笔者根据2012~2016年《辽宁统计年鉴》相关数据计算而得。

第五章

辽中南城市群产业集聚水平测度

城市群是中国城镇化的发展方向，也是新的经济增长极。国家"十三五"规划纲要提出，优化提升东部地区城市群，培育中西部地区城市群，形成更多支撑区域发展的增长极。产业发展是发挥城市群经济增长功能的主要途径，如何促进城市群产业发展成为落实国家发展战略面临的关键问题。产业集聚是发挥产业规模经济的有效方式，推动城市群内部产业合理集聚有利于实现产业和城市集聚联动效应，从而促进城市群经济发展，提高社会成员福利。

第一节　辽中南城市群产业集聚模式

本书以产业集聚核心内涵出发，借鉴以往研究结论，将产业集聚模式主要划分为产业专业化集聚模式和产业多样化集聚模式①，并设定了产业集聚模式的数理模型，为度量辽中南城市群不同产业集聚模式水平提供基础。

---

① 借鉴"张萃. 什么使城市更有利于创业？［J］. 经济研究，2018（4）""何雄浪，李国平. 专业化产业集聚、空间成本与区域工业化［J］. 经济学（季刊），2007（4）"等文献研究，将产业集聚分为专业化集聚模式和多样化集聚模式。

一、产业专业化集聚

产业集聚判断指标可以从两个角度进行确定：一个是经济视角，即不同产业的增加值与地区增加值之间的关系；另一个是就业视角，即不同产业的劳动人口集聚与地区劳动人口集聚之间的关系。

本书在进行产业集聚指标选择时借鉴国内学者的研究经验，选择以就业为主要标准对产业集聚进行测度。随着城市群对促进经济发展功能逐渐显现，国内外学者开始广泛关注并持续研究城市群产业集聚相关问题。部分学者以城市群产业集聚演变为视角展开研究。郝俊卿等（2013）利用 EG 指数和区位熵法研究关中城市群制造业空间集聚水平及以中心城市到外围区域梯度形成的不同类型产业集聚。马延吉（2010）研究了辽中南城市群在东北老工业基地振兴过程中产业集聚类型和结构等。邬丽萍（2013）以广西北部湾城市群为例，研究城市群空间演进与产业联动，认为其空间联系的主导形式是集聚。另一部分学者对产业集聚对城市群发展影响进行了深入研究。于斌斌（2015）研究了城市群产业集聚与经济效率之间的关系，提出促进产业多样化集聚的对策建议。陈雁云、秦川（2012）构建产业群集聚与城市群发展的耦合系统，研究认为产业和城市集聚指标对经济增长作用较小。张亚斌等（2006）研究认为产业结构升级首先需要在城市群等"圈层"经济结构内部合理集聚，再进一步扩大范围。柯善咨、夏金坤（2010）依据集聚经济与增长理论构建产业集聚作用模型，研究中原城市群产业集聚与经济增长之间的关系。上述学者在研究过程中主要采用了以就业人口集聚作为产业集聚的主要度量标准，因此，本书以辽中南城市群为主要对象，不同产业的就业人口数量为基础，测度辽中南城市群不同产业集聚模式水平。

产业集聚是企业、生产者和消费者的生产和消费行为在空间集聚的宏观反映，选择空间集聚主要原因是获取集聚正外部性。产业集聚空间外部性受集聚模式影响，产业集聚模式主要分为产业专业化集聚和产业多样化集聚，产业专业化集聚是指在特定空间范围内某一优势产业的集聚程度，产业多样化集聚反映了特定空间内产业多元化水平。本书分别构建产业专业化集聚和产业多样化集聚模型，对辽中南城市群产业集聚模式进行测算分析。

产业专业化集聚通常采用地区产业专业化指数进行衡量，产业专业化指数是指选择一个地区内就业人数最多的行业作为专业化行业，用该行业就业人数占总就业人数的比重进行反映，也称为绝对产业专业化集聚指数。具体模型为：

$$ISA = \max(S_{ij}) \qquad (5-1)$$

其中，ISA 为绝对产业化专业化指数，S_{ij} 为 i 地区 j 产业就业人数。绝对产业专业化指数体现了地区优势产业集聚水平，但难以进行跨地区横向比较，不能反映产业专业化集聚的相对水平。因此，本书选择采用相对产业专业化指数，即 i 地区 j 产业就业占 i 地区就业总人数比重与全国 j 产业就业占全国就业总人数比重的比值，进一步反映 i 地区优势产业集聚与全国平均水平之间的关系。相对产业专业化指数模型为：

$$RISA = \max(S_{ij}/S_j) \qquad (5-2)$$

其中，RISA 为相对产业专业化指数，S_j 为全国 j 产业就业占全国就业总人数比重。

二、产业多样化集聚

产业专业化集聚反映一个地区内产业多样化集聚程度，就业人数占总就业比重超过平均就业比重的行业数量越多，说明地区不仅存在产业集聚优势，而且存在多样化产业集聚。产业专业化集聚指数一般采用赫芬达尔指数的演化形式，常用赫芬达尔指数倒数形式表达，具体模型为：

$$IDA = \frac{1}{\sum\limits_{j=1}^{n} S_{ij}^2} \qquad (5-3)$$

其中，IDA 为产业多样化集聚指数，以赫芬达尔指数倒数形式确定产业多样化集聚指数能够反映地区内产业多元化水平，但不能体现该地区与其他地区产业多样化相对水平的差异。在产业多样化集聚指数基础上，加入与总体平均就业水平因素，建立相对产业多样化集聚指数，具体模型为：

$$RIDA = \frac{1}{\sum\limits_{j=1}^{n} |S_{ij} - S_j|} \qquad (5-4)$$

其中，RIDA 为相对产业多样化集聚指数。相对产业多样化集聚指数越大，说明该地区产业发展越均衡，越有可能促进经济持续发展，减少经济发展波动的风险。

第二节　辽中南城市群产业专业化集聚发展水平

一、产业专业化集聚水平测算

为了准确分析辽中南城市群产业专业化集聚水平，可以进行不同城市群之间产业专业化集聚水平比较，本书选择长三角城市群、京津冀城市群、海峡西岸城市群、长江中游城市群、山东半岛城市群、中原城市群、珠三角城市群、川渝城市群和关中城市群九大城市群作为横向比较对象，在进行产业专业化集聚水平测算时将包括辽中南城市群在内的十大城市群作为整体，即式（5-2）中 S_j 为十大城市群 j 产业就业总人数占全部产业就业总人数的比重。

本书利用《中国城市统计年鉴》（1998~2016）统计数据，对辽中南城市群产业专业化集聚水平进行测算。[1] 根据式（5-2），本书首先

---

[1]　现阶段只能获得 2016 年之前的数据，由于辽中南城市群 2016 年数据非正常波动，本书选取 1997~2015 年数据进行实证检验，后文在定量研究中均采用这一时间段的面板数据。

测算辽中南城市群不同行业就业比重与该行业总体平均就业比重之间的比值。通过测算发现采掘业是辽中南城市群的专业行业，辽中南城市群采掘业就业比重高于总体平均就业水平（见表5-1）。辽中南城市群虽然属于传统制造业为主的老工业基地，但相比其他城市群，制造业集聚并未体现出优势。

表5-1　　　　　　　辽中南城市群各行业就业相对水平系数

年份	农林牧渔业	采掘业	制造业	电力煤气及水生产供应业	建筑业	交通仓储邮电通信业	信息传输、计算机与软件行业	住宿餐饮业
1997	0.44	1.78	1.17	1.53	1.15	1.09	—	—
1998	0.98	1.41	1.09	1.20	1.06	0.81	—	—
1999	1.86	1.30	0.98	1.08	1.00	0.99	—	—
2000	0.76	1.70	1.09	1.61	1.16	1.08	—	—
2001	0.63	1.85	1.08	1.73	1.17	1.12	—	—
2002	1.58	2.19	1.03	1.70	0.96	1.08	—	—
2003	1.35	2.28	1.00	1.73	0.90	1.02	0.73	0.67
2004	1.28	2.38	0.99	1.70	0.93	1.01	0.81	0.68
2005	1.55	2.62	1.01	1.81	0.85	0.99	0.76	0.63
2006	1.72	2.56	0.96	1.76	0.85	1.11	0.70	0.62
2007	2.00	2.67	0.96	1.82	0.80	1.12	0.72	0.71
2008	1.03	2.96	0.99	1.78	0.79	1.08	0.76	0.70
2009	1.16	3.22	1.01	1.59	0.74	1.03	0.70	0.72
2010	1.31	3.23	0.98	1.83	0.76	1.00	0.76	0.67
2011	1.78	2.51	0.96	1.84	0.78	1.02	0.83	0.66
2012	1.70	1.89	0.95	1.76	0.85	1.05	0.84	0.63
2013	1.29	3.10	0.83	1.96	1.16	0.99	0.75	0.57
2014	0.92	3.41	0.82	2.02	1.12	1.03	0.85	0.64
2015	0.76	4.23	0.86	2.05	1.09	1.11	0.92	0.67

续表

年份	批发零售贸易餐饮业	金融业	房地产业	租赁和商业服务业	科研综合技术服务业	社会（居民）服务业	公共管理和社会组织
1997	1.26	1.11	1.21	0.00	0.80	1.01	0.95
1998	1.24	0.84	0.83	0.00	0.76	0.80	0.71
1999	1.49	0.72	0.72	0.00	0.78	0.84	0.63
2000	0.69	1.20	1.00	0.00	0.63	0.76	1.01
2001	0.64	1.19	0.97	0.00	0.69	0.75	1.06
2002	0.68	1.13	0.92	0.00	0.70	0.73	1.02
2003	0.72	1.19	0.87	0.70	0.67	0.58	1.05
2004	0.71	1.16	0.77	0.82	0.73	0.64	1.05
2005	0.60	1.16	0.67	0.72	0.71	0.49	1.12
2006	0.69	1.13	0.74	0.80	0.72	0.67	1.10
2007	0.64	1.12	0.65	0.76	0.73	0.62	1.13
2008	0.68	1.10	0.70	0.82	0.72	0.59	1.11
2009	0.78	1.05	0.79	0.63	0.73	0.67	1.12
2010	0.73	1.02	0.87	0.76	0.77	0.87	1.09
2011	0.75	1.02	0.96	0.93	0.91	0.93	1.09
2012	0.66	1.01	0.97	0.49	0.96	0.69	1.09
2013	0.73	1.13	0.88	0.55	0.96	0.48	1.23
2014	0.68	1.16	0.89	0.57	0.95	0.64	1.19
2015	0.71	1.23	0.87	0.53	0.96	0.61	1.26

资料来源：《中国统计年鉴》（1998～2016）数据，就业相对水平系数＝城市群内行业就业人数占总就业人数之比/城市群总体的行业就业人数占总就业人数之比。

在进行各行业就业集聚水平测算基础上，本书进一步测算得到辽中南城市群产业专业化集聚水平。通过测算发现，辽中南城市群产业专业化集聚大体可分为三个阶段：1997～2010年，辽中南城市群产业专业化集聚水平呈波动上升趋势，产业专业化集聚指数由1997年的1.78上升到2010年的3.23；2011～2012年，辽中南城市群产业专业化集聚水平快速下降，2012年产业专业化集聚指数下降为1.89；2013～2015年，辽中南城市群产业专业化集聚水平快速上升，2015年产业专业化集聚指数上升为4.23，产业专业化集聚水平达到近年来最高值（见图5-1）。

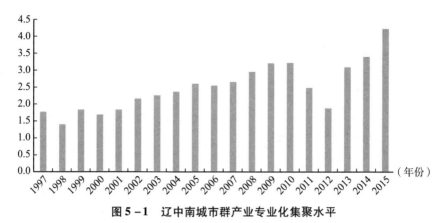

图 5 - 1　辽中南城市群产业专业化集聚水平

资料来源：利用《中国统计年鉴》（1998~2016）数据，依据式（5 - 2）测算得到。

二、产业专业化集聚水平城市群比较

为了进一步分析辽中南城市群产业专业化集聚水平，本书进行产业专业化集聚的城市群比较。借鉴于斌斌（2015）的研究[①]，本书选取十个发展程度较高的城市群作为分析对象。辽中南城市群包括沈阳、大连、鞍山、抚顺、本溪、丹东、营口、辽阳、盘锦和铁岭；京津冀城市群包括北京、天津、石家庄、唐山、秦皇岛、保定、张家口、承德、沧州和廊坊；长三角城市群包括上海、南京、无锡、常州、苏州、南通、扬州、镇江、泰州、杭州、宁波、嘉兴、湖州、绍兴、舟山和台州；海峡西岸城市群包括福州、厦门、莆田、泉州、漳州、宁德；长江中游城市群包括九江、信阳、武汉、黄石、鄂州、荆门、孝感、荆州、黄冈、咸宁、随州、岳阳；山东半岛城市群包括济南、青岛、淄博、东营、烟台、潍坊、威海、日照；中原城市群包括郑州、开封、洛阳、平顶山、新乡、焦作、许昌、漯河；珠三角城市群包括广州、深圳、珠海、佛山、江门、肇庆、惠州、东莞、中山；川渝城市群包括重庆、成都、自

---

① 于斌斌. 中国城市群产业集聚与经济效率差异的门槛效应研究 [J]. 经济理论与经济管理，2015（3）.

贡、泸州、德阳、绵阳、遂宁、内江、乐山、南充、眉山、宜宾、广安、雅安、资阳；关中城市群包括西安、铜川、宝鸡、咸阳、渭南、商洛。

　　本书进行产业专业化集聚水平的城市群比较，利用产业专业化集聚指数模型测算得到：（1）产业专业化集聚水平存在城市群分化，1997年川渝城市群产业专业化集聚水平最高，集聚指数为7.1，珠三角城市群产业专业化集聚水平最低，集聚指数为1.34，在2015年川渝城市群产业专业化集聚指数已经快速降低为1.07，而中原城市群产业专业化集聚水平快速上升到5.7。（2）总体来讲，产业专业化集聚发展趋势可以分为三类：第一类为专业化集聚水平上升，如辽中南城市群产业专业化集聚水平呈波动上升趋势；第二类为专业化集聚水平逐渐下降，如长江中游城市群、川渝城市群产业专业化集聚水平快速降低；第三类为专业化集聚水平基本保持稳定，如珠三角城市群、京津冀城市群等（见表5-2）。

表5-2　　　　　　　不同城市群产业专业化集聚指数

年份	辽中南城市群	长三角城市群	京津冀城市群	海峡西岸城市群	长江中游城市群	山东半岛城市群	中原城市群	珠三角城市群	川渝城市群	关中城市群
1997	1.78	1.44	2.36	1.18	6.00	2.33	2.68	1.34	7.10	1.48
1998	1.41	1.36	2.11	1.54	8.50	3.52	3.57	1.38	12.65	2.05
1999	1.86	1.29	1.83	1.34	8.66	3.33	3.79	2.39	12.00	1.93
2000	1.70	2.09	1.86	1.34	11.13	3.31	3.55	1.42	11.69	1.85
2001	1.85	2.32	1.80	1.33	11.90	3.33	3.97	1.50	12.34	1.95
2002	2.19	1.20	1.54	1.38	9.98	2.89	3.76	1.30	10.91	2.46
2003	2.28	1.23	2.07	1.42	5.41	3.05	4.03	1.36	1.98	1.61
2004	2.38	1.22	2.31	1.49	5.87	2.94	3.99	1.39	2.15	1.74
2005	2.62	1.54	1.90	1.49	5.74	2.52	4.25	1.43	2.10	1.84
2006	2.56	1.23	2.13	1.43	5.44	2.58	4.26	1.48	2.22	1.77
2007	2.67	1.19	2.09	1.43	4.30	2.33	4.44	1.40	2.28	1.72

年份	辽中南城市群	长三角城市群	京津冀城市群	海峡西岸城市群	长江中游城市群	山东半岛城市群	中原城市群	珠三角城市群	川渝城市群	关中城市群
2008	2.96	1.20	2.07	1.35	4.32	2.27	4.55	1.33	2.24	1.96
2009	3.22	1.18	2.13	1.34	3.68	2.28	4.87	1.38	2.18	1.64
2010	3.23	1.16	2.12	1.35	4.49	2.45	4.44	1.39	2.16	1.64
2011	2.51	1.14	2.11	1.66	2.82	2.69	4.50	1.35	1.88	1.89
2012	1.89	1.94	2.35	1.88	3.15	2.86	5.14	1.34	1.73	1.96
2013	3.10	1.58	2.06	1.82	1.88	3.00	4.89	1.64	3.56	1.85
2014	3.41	1.32	2.37	1.95	1.43	3.12	5.18	1.66	1.49	1.63
2015	4.23	1.36	2.43	2.13	1.48	3.56	5.70	1.70	1.07	1.85

资料来源：《中国统计年鉴》（1998~2016）。

从平均水平分析，辽中南城市群产业专业化集聚处于中等水平，产业专业化集聚水平低于长江中游城市群、山东半岛城市群、中原城市群和川渝城市群，但要高于长三角、京津冀、海峡西岸、珠三角和关中城市群。产业专业化集聚平均水平在一定程度上能够反映城市群之间产业专业化集聚差异，但也要结合分阶段水平变化进行具体分析（见图 5-2）。

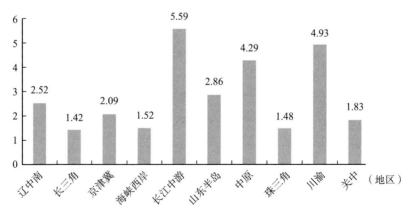

图 5-2 不同城市群产业专业化集聚平均水平

第三节 辽中南城市群产业多样化集聚发展水平

本书进一步对辽中南城市群产业多样化水平进行测算，并将辽中南城市群产业多样化集聚与其他城市群进行比较分析，以反映辽中南城市群产业多样化集聚相对水平。

一、产业多样化集聚水平测算

本书利用《中国城市统计年鉴》（1998～2016）统计数据，对辽中南城市群相对产业多样化集聚水平进行测算。根据式（5-4），本书首先测算辽中南城市群不同行业就业比重与该行业总体平均就业比重之差，反映各行业就业集聚与平均集聚水平之间的差异。通过测算发现：（1）总体来看，辽中南城市群采掘业与电力煤气及水生产供应业具有明显集聚优势，行业就业比重一直高于全部城市群平均水平；（2）部分行业经历了产业集聚优势向产业集聚弱化的转变，如制造业和批发零售贸易餐饮业就业比重与平均就业比重之差逐渐由正值降低为负值；（3）另一部分行业产业集聚相对水平呈波动趋势特征，如农林牧渔业和交通仓储邮电通信业，部分年份就业比重与平均就业比重之差为正，而其他年份就业比重与平均就业比重之差为负（见表5-3）。

表5-3 辽中南城市群各行业就业比重与平均就业比重之差

年份	农林牧渔业	采掘业	制造业	电力煤气及水生产供应业	建筑业	交通仓储邮电通信业	信息传输、计算机与软件行业	批发零售贸易餐饮业
1997	-9.55	1.42	5.58	0.49	1.06	0.47	0.00	3.80
1998	-0.14	1.01	3.34	0.29	0.42	-1.05	0.00	3.04
1999	3.33	0.70	-0.79	0.13	-0.01	-0.03	-0.01	5.68

续表

年份	农林牧渔业	采掘业	制造业	电力煤气及水生产供应业	建筑业	交通仓储邮电通信业	信息传输、计算机与软件行业	批发零售贸易餐饮业
2000	-0.53	1.73	3.35	1.16	1.19	0.47	-0.01	-3.01
2001	-1.02	1.92	2.88	1.40	1.31	0.73	-0.01	-3.35
2002	0.58	3.02	0.97	1.47	-0.35	0.51	-0.01	-2.41
2003	0.31	3.06	-0.17	1.52	-0.80	0.15	-0.40	-1.72
2004	0.23	3.17	-0.36	1.51	-0.53	0.06	-0.28	-1.70
2005	0.41	3.41	0.24	1.59	-1.24	-0.07	-0.39	-2.58
2006	0.50	3.25	-1.30	1.48	-1.27	0.72	-0.51	-1.62
2007	0.58	3.39	-1.45	1.53	-1.72	0.74	-0.53	-1.87
2008	0.02	4.05	-0.36	1.44	-1.84	0.53	-0.47	-1.72
2009	0.07	4.55	0.30	1.00	-2.34	0.17	-0.62	-1.19
2010	0.14	4.37	-0.87	1.38	-2.28	0.02	-0.54	-1.43
2011	0.22	2.92	-1.41	1.30	-2.54	0.09	-0.40	-1.54
2012	0.17	1.45	-1.84	1.12	-1.91	0.27	-0.38	-2.15
2013	0.05	2.81	-6.02	1.19	2.29	-0.03	-0.86	-1.69
2014	-0.02	2.92	-6.31	1.24	1.75	0.17	-0.45	-2.12
2015	-0.06	3.28	-4.64	1.21	1.22	0.57	-0.25	-1.89

年份	住宿餐饮业	金融业	房地产业	租赁和商业服务业	科研综合技术服务业	社会（居民）服务业	公共管理和社会组织
1997	0.00	0.12	0.12	0.00	-0.27	0.04	-0.13
1998	0.00	-0.29	-0.16	0.00	-0.51	-1.13	-1.21
1999	0.00	-0.64	-0.32	0.00	-0.52	-0.99	-1.79
2000	0.00	0.54	0.00	-0.01	-0.97	-1.79	0.04
2001	0.00	0.54	-0.04	-0.01	-0.80	-1.91	0.30

续表

年份	住宿餐饮业	金融业	房地产业	租赁和商业服务业	科研综合技术服务业	社会（居民）服务业	公共管理和社会组织
2002	0.00	0.41	-0.14	-0.01	-0.79	-2.04	0.13
2003	-0.82	0.66	-0.25	-0.79	-1.07	-0.31	0.33
2004	-0.84	0.55	-0.47	-0.52	-0.81	-0.29	0.37
2005	-0.93	0.54	-0.72	-0.93	-0.84	-0.52	0.81
2006	-0.95	0.44	-0.56	-0.67	-0.86	-0.27	0.65
2007	-0.70	0.45	-0.80	-0.83	-0.82	-0.30	0.88
2008	-0.76	0.38	-0.71	-0.66	-0.91	-0.31	0.74
2009	-0.72	0.22	-0.53	-1.43	-0.89	-0.26	0.79
2010	-0.84	0.08	-0.35	-0.95	-0.80	-0.09	0.59
2011	-0.92	0.09	-0.10	-0.22	-0.27	-0.05	0.55
2012	-1.00	0.02	-0.07	-2.22	-0.14	-0.21	0.57
2013	-1.23	0.45	-0.35	-1.67	-0.13	-0.51	1.13
2014	-0.85	0.58	-0.33	-1.71	-0.16	-0.25	0.98
2015	-0.73	0.89	-0.40	-1.93	-0.12	-0.26	1.34

资料来源:《中国统计年鉴》(1998～2016) 数据。

本书进一步利用式（5-4），对辽中南城市群相对产业多样化集聚水平进行测算。通过测算发现：（1）总体来看，辽中南城市群产业多样化集聚水平呈倒"U"形发展趋势，虽然产业多样化集聚水平具有波动发展特征，但大体以 2004 年为转折点，产业多样化集聚呈先上升后下降的发展趋势；（2）2012 年之后，辽中南城市群产业多样化集聚水平下降明显，这与产业专业化集聚发展趋势正好相反（见图 5-3）。

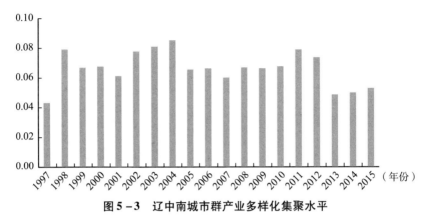

图5-3　辽中南城市群产业多样化集聚水平

注：利用《中国统计年鉴》（1998~2016）数据，依据式（5-4）测算得到。

产业专业化集聚水平越高说明该地区产业发展越单一，虽然能够在一定程度上享受规模经济和溢出效应，但也容易受经济发展波动影响，不利于分散经济发展奉献。产业多样化集聚水平下降有可能是导致辽宁省经济增长压力增加的重要原因之一。

二、产业多样化集聚水平城市群比较

本书进一步测算不同城市群产业多样化集聚水平差异，利用产业多样化集聚指数模型测算得到：（1）在研究基期，城市群间产业多样化集聚指数水平呈分化特征，海峡西岸城市群产业多样化集聚指数最高，而川渝城市群产业多样化集聚指数最低。（2）随着产业结构升级不断推进，不同城市群产业多样化集聚发展趋势呈现四种特征：部分城市群产业多样化集聚指数水平持续提高，如长三角城市群和山东半岛城市群；部分城市群产业多样化集聚指数水平呈下降趋势，如海峡西岸城市群和长江中游城市群；辽中南城市群、京津冀城市群、珠三角城市群和关中城市群产业多样化集聚呈倒"U"形发展趋势；中原城市群产业多样化集聚指数呈"U"形发展趋势。（3）在2015年，长三角城市群产业多样化集聚指数最高，珠三角城市群产业多样化集聚指数最低（见表5-4）。

表5-4 　　　　　　　　不同城市群产业多样化集聚指数

年份	辽中南城市群	长三角城市群	京津冀城市群	海峡西岸城市群	长江中游城市群	山东半岛城市群	中原城市群	珠三角城市群	川渝城市群	关中城市群
1997	0.043	0.059	0.044	0.086	0.069	0.065	0.079	0.038	0.021	0.056
1998	0.079	0.064	0.047	0.042	0.067	0.027	0.039	0.087	0.048	0.040
1999	0.067	0.073	0.052	0.043	0.067	0.043	0.047	0.063	0.048	0.052
2000	0.068	0.055	0.059	0.041	0.069	0.047	0.053	0.077	0.050	0.069
2001	0.062	0.051	0.053	0.037	0.071	0.044	0.052	0.073	0.040	0.064
2002	0.078	0.074	0.053	0.037	0.066	0.052	0.054	0.068	0.043	0.085
2003	0.081	0.071	0.048	0.033	0.063	0.052	0.043	0.053	0.044	0.090
2004	0.086	0.081	0.046	0.030	0.060	0.053	0.039	0.047	0.040	0.085
2005	0.066	0.068	0.047	0.029	0.048	0.053	0.039	0.045	0.038	0.088
2006	0.067	0.077	0.040	0.030	0.051	0.054	0.037	0.045	0.036	0.072
2007	0.060	0.066	0.036	0.029	0.047	0.065	0.035	0.044	0.035	0.061
2008	0.067	0.069	0.034	0.036	0.039	0.064	0.032	0.043	0.036	0.069
2009	0.066	0.080	0.033	0.037	0.041	0.075	0.033	0.039	0.035	0.072
2010	0.068	0.083	0.032	0.036	0.047	0.069	0.032	0.038	0.034	0.060
2011	0.079	0.081	0.034	0.032	0.045	0.076	0.041	0.039	0.037	0.061
2012	0.074	0.059	0.034	0.031	0.043	0.065	0.044	0.040	0.035	0.049
2013	0.049	0.067	0.027	0.039	0.043	0.092	0.038	0.024	0.030	0.039
2014	0.050	0.086	0.026	0.040	0.045	0.106	0.042	0.024	0.041	0.054
2015	0.053	0.092	0.027	0.040	0.048	0.091	0.050	0.025	0.029	0.057

资料来源：《中国统计年鉴》（1998~2016）数据。

从平均水平来看，辽中南城市群产业多样化集聚水平处于较高水平，仅低于长三角城市群。但辽中南城市群产业多样化集聚水平在

2012 年显著下降，这有可能是导致辽中南城市群经济增长压力上升的原因之一（见图 5 - 4）。

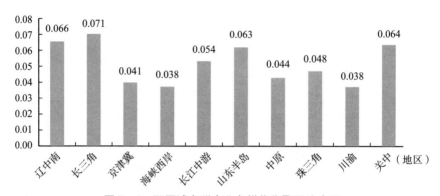

图 5 - 4　不同城市群产业多样化集聚平均水平

第六章

辽中南城市群产业集聚效应分析

产业集聚是推动辽中南城市群经济社会发展的重要因素，产业专业化集聚和产业多样化集聚会对经济发展、技术进步和劳动生产率提高等方面产生影响，准确判断产业集聚对经济社会发展的影响，是制定合理产业集聚政策的基础条件，也是提振辽宁经济发展和全面振兴东北老工业基地的重要前提。

第一节　产业专业化集聚效应

一、产业专业化集聚的经济增长效应

产业集聚会对经济增长产生直接影响，本书首先构建产业专业化集聚对经济增长影响的门槛效应检验模型，定量分析产业专业化集聚的经济增长效应，为实现产业优化和经济增长的协同推进，制定合理产业集聚政策提供理论依据。

（一）产业专业化集聚经济增长效应模型

产业集聚分为产业专业化集聚和产业多样化集聚等多种形式，合理

的产业集聚模式有利于促进城市群经济增长，产业集聚模式与城市群发展需求不相契合将会制约经济发展。经济效率是判断产业集聚是否合理的根本依据，产业集聚能够推动经济持续增长，说明产业集聚模式与经济发展相契合，否则需要进行产业集聚模式优化调整。随着城市群对促进经济发展功能逐渐显现，学者们以特定城市群为研究对象开始研究城市群产业集聚演变及经济效应，郝俊卿等（2013）利用 EG 指数和区位熵法研究关中城市群制造业空间集聚水平及以中心城市到外围区域梯度形成的不同类型产业集聚①。马延吉（2010）研究了辽中南城市群在东北老工业基地振兴过程中产业集聚类型和结构等②。邬丽萍（2013）以广西北部湾城市群为例，研究城市群空间演进与产业联动，认为其空间联系的主导形式是集聚。另一部分学者对产业集聚对城市群发展影响进行了深入研究③。于斌斌（2015）研究了城市群产业集聚与经济效率之间的关系，提出促进产业多样化集聚的对策建议④。

产业集聚对经济增长影响可能存在门槛效应。随着产业专业化集聚水平提高，在达到一定水平情况下，相同行业和企业集聚会产生规模效应，实现资源共享，降低成本和提高劳动生产率，促进经济增长，但产业专业化集聚水平过高会导致经济同质化程度偏高，不利于规避经济风险，一旦集聚行业产生发展波动，会导致经济增长大幅度下滑，因此产业专业化集聚水平在合理区间内会产生经济效应。

根据产业集聚对经济增长影响原理，本书构建产业集聚对经济增长影响的门槛效应模型，并进行实证检验，定量判断不同产业集聚模式对经济增长影响，进而为设定合理产业集聚模式提供基础。

本书以汉森（Hansen）门槛模型为基础，分别以产业专业化集聚

① 郝俊卿，曹明明，王雁林. 关中城市群产业集聚的空间演变及效应分析——以制造业为例 [J]. 人文地理，2013（3）.

② 马延吉. 辽中南城市群产业集聚发展与格局 [J]. 经济地理，2010（8）.

③ 邬丽萍. 城市群空间演进与产业联动——以广西北部湾城市群为例 [J]. 经济问题探索，2013（3）.

④ 于斌斌. 中国城市群产业集聚与经济效率差异的门槛效应研究 [J]. 经济理论与经济管理，2015（3）.

指数和产业多样化集聚指数为解释变量，以经济增长率为被解释变量，并加入相关控制变量，构建产业集聚模式经济效率的门槛效应模型。

门槛模型基本形式为：

$$y_{it} = u_i + \alpha x_{it} I(q_{it} \leqslant \gamma) + \beta x_{it} I(q_{it} > \gamma) + e_{it} \qquad (6-1)$$

其中，y 为被解释变量，i 和 t 分别表示地区和时间，x 为解释变量，q 为门槛变量，在特定研究需要情况下，解释变量与门槛变量可以采用相同指标。I(·) 为指标函数，表示在门槛变量小于等于 γ 时，解释变量系数为 α，在门槛变量大于 γ 时，解释变量系数为 β。

门槛效应基本模型可以转化为：

$$y_{it} = \begin{cases} u_i + \alpha x_{it} + e_{it}, & q_{it} \leqslant \gamma \\ u_i + \beta x_{it} + e_{it}, & q_{it} > \gamma \end{cases} \qquad (6-2)$$

本书在门槛效应模型基础上，依据产业集聚模式与经济增长之间的关系，设定产业集聚模式的经济增长门槛效应模型。

产业专业化集聚对经济增长影响模型为：

$$Rpgdp_{it} = \begin{cases} u_i + \alpha RISA_{it} + \delta X + e_{it}, & q_{it} \leqslant \gamma \\ u_i' + \beta RISA_{it} + \theta X + e_{it}, & q_{it} > \gamma \end{cases} \qquad (6-3)$$

其中，Rpgdp 表示人均 GDP 增长率，X 表示相关控制变量，q 表示门槛值，本书选择同时将产业专业化集聚指数作为解释变量和门槛值[1]。

（二）指标参数设定

本书对产业专业化集聚对经济增长影响模型中相关变量进行指标参数设定。

1. 被解释变量

本书以人均 GDP 反映经济发展水平，并以人均 GDP 增长率作为经济增长核心指标。本书采用《中国城市统计年鉴》中市辖区 GDP 和市

---

[1]　本书重点研究产业集聚模式对经济增长影响，因此选择将产业专业化集聚同时作为解释变量和门槛变量。

辖区年末总人口之比作为人均 GDP 指标参数①。

2. 解释变量和门槛变量

在模型中，产业专业化集聚指数是核心解释变量，本书同时选择将产业专业化集聚指数作为门槛变量。

3. 控制变量

（1）产业结构升级指数。产业结构升级是影响经济增长的重要因素，本书选取第三产业增加值比重与第二产业增加值比重之比作为反映产业结构升级水平的变量指标，采用《中国城市统计年鉴》中市辖区第二产业和第三产业增加值作为指标参数。（2）实际使用外资金额（FDI）。价值创造是通过资本和劳动力相结合来完成的，外资是促进经济增长的重要因素，本书将 FDI 纳入控制变量，采用《中国城市统计年鉴》中市辖区实际使用外资金额作为指标参数。（3）财政支出。财政支出水平在一定程度上反映了政府对经济增长促进程度，如在需求不足情况下，政府通过财政支出进行适度的政府购买会促进经济复苏，本书选取财政支出作为控制变量，采用《中国城市统计年鉴》中市辖区财政支出作为指标参数。（4）基础设施水平。基础设施是影响经济增长水平的重要因素，在较好基础设施情况下，一方面可以吸引资本流入，另一方面也可以提高资本运行效率。本书选取人均道路面积作为基础设施水平的指标，采用《中国城市统计年鉴》中市辖区道路总面积与市辖区年末总人口之比作为指标参数。（5）固定资产投资。本书选取固定资产投资作为控制变量，采用《中国城市统计年鉴》中市辖区固定资产投资作为指标参数。（6）居民消费水平。根据宏观经济理论，消费是经济增长的主要源泉之一，特别是在投资拉动经济增长功能弱化情况下，内需水平是否提高对促进经济增长具有重要意义。本书选取社会居民消费水平作为控制变量，采用《中国城市统计年鉴》中社会消费品零售总额作为指标参数。（7）经济发展效率。本书以工业总产量与

---

① 本书以《中国城市统计年鉴》作为数据主要来源，在指标选择上，均统一采用"市辖区"相关指标。

工业用电量之比作为经济发展效率的度量指标，分析经济发展效率对经济增长影响，采用《中国城市统计年鉴》中的工业总产量和工业用电量作为指标参数。（8）人口增长率。根据宏观经济学理论，人口增长是导致经济增长的重要影响因素，本书采用《中国城市统计年鉴》中的市辖区人口自然增长率作为人口增长的指标参数。（9）城市绿色指数。环境福利会对人口集聚产生影响，同时环境发展也会对产业发展形成制约，本书采用《中国城市统计年鉴》中绿地面积占市辖区面积的比重作为城市发展绿色指数的指标参数。

　　本书以辽中南城市群为主要研究对象，辽中南城市群在东北地区经济发展过程中占有重要地位，实现辽中南城市群合理产业集聚对全面振兴东北老工业基地具有重要现实意义。由于本书以城市群为总体研究对象，如果采用辽中南城市群内部各城市数据进行计量检验，将会忽视城市群内部各城市之间的联系，而对于辽中南城市群整体发展缺少指导性，因此在进行产业集聚效应检验过程中，本书利用不同城市群的面板数据进行计量检验，以各城市群总体发展规律，确定辽中南城市群的合理产业集聚模式和未来产业规划布局。

（三）计量检验

　　经济增长是优化产业集聚模式的根本动因，也是全社会共同追求的基本目标。各城市群在发展过程中呈现不同的经济增长趋势。总体来看，各城市群经济增长呈现平"S"形发展趋势，在 1997 年各城市群人均 GDP 增长率处于相对较高水平，此后经济增长率呈现短期下降趋势，在 2003 年左右城市群人均 GDP 增长率快速提高，并一直保持相对较高的发展速度，2008 年受金融危机影响，各城市群人均 GDP 增长率有所下降，此后在国家积极财政政策等宏观手段影响下，经济增长重新提速，但 2012 年之后人均 GDP 增长率开始下降，经济增长速度放缓，这与宏观调控周期结束之后的政府购买下降等因素有关。从城市群横向比较来看，2015 年中原城市群人均 GDP 增长率水平最高，辽中南城市群等经济增长率较低，大部分城市群保持在 5% ~6% 的经济增长速度（见表 6-1）。

表 6 - 1 　　　　　　　各城市群经济发展趋势 　　　　　单位：%

年份	长三角城市群	辽中南城市群	京津冀城市群	海峡西岸城市群	长江中游城市群	山东半岛城市群	中原城市群	珠三角城市群	川渝城市群	关中城市群
1997	12.29	11.46	13.59	7.88	6.26	13.82	3.68	13.58	16.77	9.87
1998	6.39	6.24	16.95	12.52	9.33	4.50	1.90	10.31	0.94	12.65
1999	11.61	6.97	1.51	6.66	-4.49	7.14	1.16	9.32	3.55	6.74
2000	9.66	10.48	20.64	6.93	9.34	15.44	14.39	8.10	4.91	13.61
2001	7.22	11.55	9.85	3.63	9.84	8.48	8.94	10.01	11.27	0.15
2002	4.74	11.43	6.68	-11.88	8.70	10.56	10.59	-0.22	10.93	-2.28
2003	18.92	13.99	14.70	13.34	11.11	17.99	17.82	16.70	11.43	16.24
2004	19.65	20.89	17.35	14.40	16.91	19.38	21.61	15.95	17.09	15.14
2005	19.61	9.73	38.48	5.24	10.29	20.99	4.27	35.20	14.67	15.52
2006	14.24	17.45	13.28	13.12	26.28	16.79	14.29	16.35	11.07	12.98
2007	16.64	23.29	15.84	17.01	19.91	16.10	12.68	15.90	15.39	5.45
2008	12.87	18.94	17.44	13.84	23.32	17.98	19.41	13.49	24.32	28.07
2009	7.68	4.50	13.30	15.00	17.72	6.30	7.72	5.65	20.91	18.02
2010	15.41	17.01	16.91	16.93	17.09	16.05	-4.58	14.67	21.08	18.34
2011	13.44	13.84	16.92	20.47	21.08	11.64	21.22	15.43	17.78	21.05
2012	9.52	8.89	9.47	9.97	16.88	9.24	6.44	6.37	13.82	12.44
2013	5.43	8.52	6.78	6.67	12.58	8.01	20.61	8.73	10.12	11.12
2014	7.33	-11.58	4.44	7.63	8.28	4.36	8.57	8.46	9.43	8.73
2015	6.05	0.00	-3.13	6.18	8.78	4.51	25.05	-2.86	5.74	6.19

资料来源：《中国统计年鉴》（1998～2016）。

在设定相关指标参数基础上，本书利用《中国城市统计年鉴》数据对产业专业化集聚经济增长效应进行计量检验。

本书首先利用门槛效应模型进行产业专业化集聚对经济增长影响检验。利用 stata 软件对门槛模型中产业专业化集聚的门槛值进行测定，实证检验发现，单一门槛未通过显著性检验，产业专业化集聚对经济增长影响模型中具有双重门槛值，门槛值分别为 2.227 和 5.697（见表 6 - 2）。

表 6 - 2   产业专业化集聚指数门槛值

	F 值	P 值	抽样次数	门槛值
单一门槛	5.798	0.154	1000	2.227
双重门槛	11.064	0.030	1000	2.227、5.697

在产业专业化集聚对经济增长门槛效应检验过程中发现:(1)产业专业化集聚指数对经济增长影响存在双门槛效应,在产业专业化集聚指数小于 2.227 情况下,产业专业化集聚对经济增长率的回归系数为 5.15,产业专业化集聚指数大于 2.227 且小于 5.697 时,产业专业化集聚指数对经济增长率的回归系数为 2.305,产业专业化集聚指数超过第二个门槛值 5.697 时,对经济增长影响不显著。说明在产业专业化集聚水平提升初期阶段,由于劳动、资本等生产要素集聚而产生规模效应,对经济增长促进作用较为明显,随着产业专业化集聚水平提升,规模经济对经济增长促进作用开始减弱,在产业专业化集聚超过一定水平时,单一主导产业导致的经济波动风险等抵消了规模经济作用,产业专业化集聚对经济增长作用不显著。(2)产业结构升级(industry)、实际使用外资额(FDI)、财政支出水平(finance)、经济增长效率(efficient)、城市绿色指数(greencover)对经济增长影响不显著。(3)经济增长效率(INFR)和居民消费水平(consume)对经济增长影响为负,而固定资本投资(Inv)对经济增长影响为正,说明城市群发展过程中资本拉动经济增长的效用更加明显(见表 6 - 3)。

表 6 - 3   产业专业化集聚、产业多样化集聚与经济增长

变量	产业专业化集聚
Industry	- 6.288 (- 1.54)
FDI	- 3.002 (1.19)

续表

变量	产业专业化集聚
INFR	-0.642 (-2.06)
finance	0.0549 (0.19)
Inv	0.110 (1.86)
efficient	0.0838 (1.05)
population	-0.5366 (-1.86)
greencover	-0.027 (-0.44)
consume	-0.516 (-4.55)
IRSA $*$ I $(IRSA \leqslant \tau 1)$	5.150 (3.35)
IRSA $*$ I $(\tau 1 < IRSA \leqslant \tau 2)$	2.305 (2.68)
IRSA $*$ I $(IRSA > \tau 2)$	0.242 (0.69)
R^2	0.252

二、产业专业化集聚的技术创新效应

技术创新是经济增长的主要源泉之一，也是实现经济持续发展的重要推力。产业集聚与技术进步之间具有直接联系，准确判断不同产业集聚模式对技术进步的影响对实现产业集聚优化与经济增长联动具有重要意义。

技术贡献是经济价值创造的生产要素之一，在经济发展初期阶段，依靠"人口红利"优势，通过改革开发利用国外资本而进行工业化资本积累，逐步建立起投资拉动型经济发展模式，这种经济发展模式对实现经济持续发展发挥了重要作用。但随着"人口红利"衰减，劳动和资本生产要素对经济增长贡献受到制约，技术进步对经济增长的重要性逐渐凸显。准确判断不同产业集聚模式对技术进步的影响，可以指定合理的产业集聚发展策略，在长期内统筹规划，以产业集聚模式优化为主要途径，提高技术贡献率，促进经济持续发展。

改革开放以来，中国经济实现了高速增长，而在特定时段内，高速增长主要是由资本和劳动投入来推动的（蔡昉，2013），全要素生产率对经济增长促进作用呈波动性下降趋势。随着人口红利衰减等因素影响，需要逐步提高全要素生产率水平，增强技术创新对经济增长的贡献。随着产业集聚对经济增长影响越来越凸显，产业集聚与全要素生产率之间关系也开始被学术界重视。范剑勇等（2014）利用 Levinsohn - Petrin 半参估计方法与随机前沿分析方法估计企业全要素生产率，并分析专业化经济和多样化经济对全要素生产率影响，研究发现专业化经济以技术效率改善为主要渠道对全要素生产率提升具有显著影响，而多样化经济对全要素生产率没有影响。崔宇明等（2013）研究认为产业集聚对全要素生产率影响具有门槛效应，产业集聚对全要素生产率正向推动作用会随着城镇化水平提升而得到强化。城市群是经济发展过程中新的增长极和发展方式，城市群内产业集聚模式将会对全要素生产率产生影响。本书以产业集聚对全要素生产率影响为切入点，准确测算不同城市群全要素生产率变化趋势，计量检验产业专业化集聚和产业多样化集聚对全要素生产率影响，为制定合理产业政策和促进经济持续发展提供理论基础。

（一）产业专业化集聚技术进步效应模型

产业集聚对技术进步的影响有可能存在门槛效应。产业专业化集聚是同质化劳动、资本等生产要素在空间内的聚集，在产业专业化集聚达到一定水平时，一方面可以通过共享基础设施、基础技术创新等方式促进技术进步，另一方面同质化会产生技术创新的规模效应。

本书在门槛效应模型基础上，依据产业集聚模式与全要素生产率之间的关系，设定产业集聚模式的技术进步门槛效应模型。

产业专业化集聚对技术进步影响模型为：

$$M_{it} = \begin{cases} u_i + \alpha RISA_{it} + \delta X + e_{it}, & q_{it} \leqslant \gamma \\ u_i' + \beta RISA_{it} + \theta X + e_{it}, & q_{it} > \gamma \end{cases} \qquad (6-4)$$

其中，M_{it} 表示全要素生产率，$RISA_{it}$ 表示产业专业化集聚指数 X 表示相关控制变量，q 表示门槛值，本书选择同时将产业专业化集聚指数作为解释变量和门槛值。

本书利用曼奎斯特生产率指数反映全要素生产率，对不同城市群曼奎斯特生产率指数进行比较，并将曼奎斯特生产率指数分解为技术效率变化和技术进步变化。本书计量检验产业专业化集聚和产业多样化集聚对全要素生产率影响的门槛效应，并进一步分析产业集聚对技术效率变化和技术进步变化的影响，以判断产业集聚影响全要素生产率的主要途径。

根据卡夫等（Caves et al.，1982）提出的曼奎斯特生产率指数，假设 (x^t, y^t) 和 (x^{t+1}, y^{t+1}) 分别为 t 期和 t + 1 期的投入产出值，从 (x^t, y^t) 向 (x^{t+1}, y^{t+1}) 的变化就体现了生产率变化水平，曼奎斯特生产率指数模型为：

$$M_i^t = D_i^t(x^t, y^t) / D_i^{t+1}(x^{t+1}, y^{t+1}) \qquad (6-5)$$

其中，M 表示曼奎斯特生产率指数，而 D 表示投入距离函数，即某一生产点，如 (x^t, y^t) 向理想最小投入点压缩的比例。

同时，可以用两个曼奎斯特生产率指数的几何平均值反映生产率变化。本书借鉴颜鹏飞、王兵（2004）的研究，采用投入法来构建曼奎斯特生产率指数分解模型①。

---

① 颜鹏飞，王兵. 技术效率、技术进步与生产率增长：基于 DEA 的实证分析 [J]. 经济研究，2004（12）.

$$M_i = (x^{t+1}, y^{t+1}; x^t, y^t) = \left\{ \left[\frac{D_i^t(x^t, y^t)}{D_i^t(x^{t+1}, y^{t+1})} \right] \left[\frac{D_i^{t+1}(x^t, y^t)}{D_i^{t+1}(x^{t+1}, y^{t+1})} \right] \right\}^{1/2}$$

$$(6-6)$$

进一步整理归纳为：

$$M_i(x^{t+1}, y^{t+1}; x^t, y^t) = E(x^{t+1}, y^{t+1}; x^t, y^t) \times TP(x^{t+1}, y^{t+1}; x^t, y^t)$$

$$(6-7)$$

其中，E 表示技术效率变化，TP 表示技术进步变化。

（二）指标参数设定

本书对产业专业化集聚对全要素生产率及其分解的技术效率变化和技术进步变化影响的门槛效应模型中相关变量进行指标参数设定。

被解释变量。本书以全要素生产率、技术效率变化和技术进步变化作为技术创新的核心指标。本书利用《中国城市统计年鉴》中 GDP、固定资本投资和就业人数等数据，采用曼奎斯特指数模型测算得到各城市群全要素生产率，并进一步分解出技术效率变化和技术进步变化。

解释变量和门槛变量。本书同时将产业专业化集聚指数作为核心自变量和门槛变量。控制变量主要包括：（1）人均 GDP，经济发展会与技术创新之间具有相互影响的关系，技术创新会促进经济发展，而经济发展也会为技术创新提供条件。本书采用《中国城市统计年鉴》中人均 GDP 作为经济发展水平的指标参数。（2）产业结构升级指数、实际使用外资金额、财政支出、基础设施水平、经济发展效率等控制变量指标参数同产业集聚的经济增长效应部分。

（三）计量检验

1. 城市群技术创新水平

本书首先利用曼奎斯特指数模型对全要素生产率水平进行测算，并进一步分解为技术效率变化和技术进步变化，反映全要素生产率变化的内部驱动因素。根据测算结果，从时间序列的纵向视角来看，城市群全要素生产率的增长呈现波动变化，并无稳定增长趋势，部分年份全要素生产率增长率为负①，说明技术进步和创新并不是经济增长的主要来源，而更多是依靠资本和劳动投入实现城市群的经济发展。部分年份全要素生产率增长率为正，说明技术贡献有可能成为促进经济增长的重要来源（见表6－4）。这种波动性和不稳定性说明了现阶段城市群经济发展仍然是主要依靠资本投入来推动和实现的，而随着人口红利衰减等因素影响，未来需要逐步向技术推动型经济增长模式转型。

表6－4　　　　　　　　　城市群全要素生产率水平

年份	长三角城市群	辽中南城市群	京津冀城市群	海峡西岸城市群	长江中游城市群	山东半岛城市群	中原城市群	珠三角城市群	川渝城市群	关中城市群
1997	0.985	1.075	0.997	0.979	0.969	1.043	0.997	1.077	0.981	0.908
1998	1.817	1.411	1.478	1.481	1.426	1.025	1.539	1.350	1.532	1.459
1999	1.064	1.040	0.990	0.911	0.915	1.225	0.935	0.975	0.851	0.801
2000	0.958	0.958	1.014	0.951	1.015	1.046	1.076	1.195	1.023	0.876
2001	1.086	1.152	1.038	0.995	1.004	1.020	1.021	1.092	1.012	0.922
2002	1.008	1.013	1.020	0.955	0.953	0.965	0.998	0.901	0.948	0.852
2003	1.007	1.034	0.978	0.985	0.957	0.949	0.979	1.043	0.930	0.978
2004	0.986	1.009	1.018	0.995	0.961	0.971	0.968	1.040	0.944	1.113
2005	1.029	0.985	1.017	0.986	0.956	1.013	0.923	1.009	0.944	0.860
2006	1.034	0.993	1.030	1.025	0.958	1.070	0.917	1.002	0.956	0.872
2007	1.040	1.015	1.042	1.038	0.968	1.036	0.956	1.019	0.962	0.876
2008	1.015	1.055	1.035	1.013	0.942	1.124	0.951	0.996	0.935	0.911
2009	1.015	0.988	1.027	1.008	0.935	1.078	0.977	1.004	0.948	0.904
2010	1.035	1.003	1.041	1.035	0.937	1.033	1.022	1.118	0.987	0.924
2011	1.023	1.003	1.027	0.974	0.957	0.995	0.992	0.963	0.982	0.951
2012	1.032	1.052	1.033	0.980	0.977	1.074	1.005	1.001	0.951	1.010

---

① 全要素生产率的增长率＝全要素生产率－1，即表中数值小于1时，说明全要素生产率的增长率为负。

年份	长三角城市群	辽中南城市群	京津冀城市群	海峡西岸城市群	长江中游城市群	山东半岛城市群	中原城市群	珠三角城市群	川渝城市群	关中城市群
2013	0.971	1.066	1.162	1.029	0.974	1.068	0.965	0.960	1.157	0.855
2014	0.970	0.996	0.979	0.992	0.978	1.045	1.010	1.060	0.984	0.938
2015	1.003	1.059	1.119	0.981	0.970	0.999	0.953	1.023	0.971	0.942

资料来源:《中国统计年鉴》(1998~2016)。

辽中南城市群虽然在2000年出现了波动,但在2001年之前全要素生产率保持了相对较高的水平,在2002~2012年全要素生产率相对平稳,而2012年之后全要素生产率有重新提高的趋势。在1997~2015年间,辽中南城市群全要素生产率平均值为1.048,技术对经济增长具有显著贡献。长三角城市群全要素生产率略高于辽中南城市群,1997~2015年长三角城市群全要素生产率平均值为1.057,但长三角城市群全要素生产率波动幅度也相对较大,1997~2015年长三角城市群全要素生产率标准差为0.182,高于辽中南城市群全要素生产率标准差0.095。京津冀城市群全要素生产率与长三角城市群较为接近,1997~2015年平均水平为1.055,而标准差为0.108。珠三角城市群和山东半岛城市群全要素生产率略低于长三角城市群,1997~2015年平均水平分别为1.044和1.041,技术进步对经济增长贡献同样较为明显。长江中游城市群在1997~2015年全要素生产率平均水平为0.987,全要素生产率增长率小于0,说明在经济发展过程中技术进步的增长贡献不显著,而更多是通过劳动力和资本投入等方式拉动经济增长。关中城市群全要素生产率平均水平为0.945,全要素生产率增长率同样小于0,技术进步对经济增长拉动功能未显现。而川渝城市群和中原城市群的全要素生产率平均值接近于1,技术进步对经济增长贡献比较小,随着经济发展模式转变,需要不断提高技术进步对经济发展的拉动作用。从横向地区间近期静态时点的比较视角来看,不同城市群全要素生产率水平之间也存在显著差异，以2015年作为近期静态时点。长三角城市群、辽中南城市群、京津冀城市群和珠三角城市群的全要素增长率为正，说明更有利于实现经济增长方式转型，而海峡西岸城市群、长江中游城市群、山东半岛城市群、中原城市群、川渝城市群和关中城市群的全要素增长率为负，仍主要依靠资本和劳动投入推动经济发展。

全要素生产率变化可以进一步分解为技术效率变化和技术进步变化。本书进一步对不同城市群技术效率变化水平进行分析。根据测算，各城市群技术效率变化呈现多样化特征。以辽中南城市群为例，1997年技术效率变化增长率大于1，而1998~2000年技术效率变化增长率小于0，在2001~2005年技术效率变化增长率大于0，随后呈现波动变化，在2015年技术效率变化增长率为0.078，即增长率为7.8%。长三角城市群虽然个别年份技术效率变化水平大于1，说明技术效率变化促进了全要素生产率提升，但从平均水平来看，长三角城市群技术效率变化指数平均值为0.999，说明总体上技术效率变化对全要素生产率贡献不显著。海峡西岸城市群技术效率变化指数平均值为0.991，处于最低水平；关中城市群技术效率变化指数平均值为1.024，处于最高水平，说明长期内该城市群内部技术效率变化对全要素生产率提升具有显著贡献（见表6-5）。

表6-5　　　　　　　　　城市群技术效率变化水平

年份	长三角城市群	辽中南城市群	京津冀城市群	海峡西岸城市群	长江中游城市群	山东半岛城市群	中原城市群	珠三角城市群	川渝城市群	关中城市群
1997	1.021	1.070	1.040	1.096	1.068	1.102	1.055	1.106	1.106	1.067
1998	1.188	0.875	1.046	1.045	1.077	0.954	1.164	0.954	1.305	1.311
1999	0.964	0.991	0.965	0.895	1.003	1.265	1.005	0.975	1.046	0.998
2000	0.966	0.989	0.990	0.978	0.997	0.996	1.063	1.117	0.976	0.874
2001	0.985	1.091	0.983	0.895	0.997	0.962	1.004	0.973	0.990	1.109

续表

年份	长三角城市群	辽中南城市群	京津冀城市群	海峡西岸城市群	长江中游城市群	山东半岛城市群	中原城市群	珠三角城市群	川渝城市群	关中城市群
2002	1.035	1.048	1.031	1.001	1.002	0.988	1.040	0.936	1.017	0.942
2003	1.008	1.071	0.990	1.029	1.030	0.971	1.050	1.042	0.984	1.139
2004	0.915	1.039	1.006	0.981	1.007	0.940	1.004	1.001	0.968	1.363
2005	1.004	1.021	1.018	0.985	1.013	0.996	0.956	1.017	0.988	1.008
2006	0.971	0.992	1.000	1.002	0.974	1.016	0.927	0.996	0.988	0.955
2007	0.960	0.998	0.989	0.977	0.973	0.960	0.932	0.996	0.931	0.943
2008	0.974	1.073	1.011	1.022	0.982	1.066	0.969	1.004	0.992	0.967
2009	0.994	0.964	1.007	0.975	0.972	1.040	0.970	1.011	0.947	0.947
2010	0.967	0.934	0.941	0.983	0.950	0.895	0.946	1.046	0.968	0.929
2011	1.012	1.009	1.046	0.963	0.950	1.039	1.004	0.979	1.007	0.978
2012	1.011	1.103	1.029	0.975	1.011	1.038	1.031	0.991	1.068	1.084
2013	1.051	1.144	1.279	1.097	1.034	1.184	1.091	0.991	1.221	0.941
2014	0.909	0.772	0.800	0.892	0.918	0.858	0.845	1.011	0.892	0.892
2015	1.053	1.078	1.069	1.030	1.026	0.993	1.012	1.043	0.984	1.015

资料来源:《中国统计年鉴》(1998～2016)。

本书对城市群技术进步变化水平进行测算,城市群技术进步变化同样呈现多样化特征。(1)从时间序列角度分析,关中城市群技术进步变化总体上呈现提高趋势,而其他城市群并无显著的提高或下降趋势,波动性变化为主要特征;(2)从时间段内平均水平视角分析,关中城市群虽然技术进步变化水平逐渐提高,但总体上仍处于较低水平,1997～2015 年间平均值为 0.924,长江中游城市群和川渝城市群技术进步变化平均水平也小于 1,其他城市群技术进步变化平均水平大于 1,长三角城市群平均值最高(见表 6-6)。

表6-6 城市群技术进步变化水平

年份	长三角城市群	辽中南城市群	京津冀城市群	海峡西岸城市群	长江中游城市群	山东半岛城市群	中原城市群	珠三角城市群	川渝城市群	关中城市群
1997	0.965	1.006	0.958	0.897	0.903	0.948	0.945	0.975	0.891	0.844
1998	1.521	1.684	1.407	1.463	1.298	1.140	1.335	1.421	1.158	1.092
1999	1.105	1.052	1.027	1.018	0.913	0.974	0.930	1.001	0.836	0.802
2000	0.993	0.969	1.025	0.977	1.019	1.051	1.012	1.074	1.054	1.016
2001	1.104	1.053	1.056	1.113	1.006	1.062	1.017	1.127	1.023	0.865
2002	0.976	0.969	0.992	0.951	0.952	0.977	0.961	0.961	0.935	0.885
2003	0.999	0.967	0.989	0.955	0.929	0.977	0.933	1.000	0.943	0.863
2004	1.083	0.972	1.012	1.014	0.954	1.034	0.964	1.041	0.975	0.860
2005	1.025	0.966	0.999	1.001	0.943	1.017	0.965	0.993	0.954	0.852
2006	1.069	1.002	1.032	1.024	0.984	1.057	0.989	1.008	0.968	0.902
2007	1.097	1.018	1.054	1.065	0.995	1.083	1.026	1.025	1.043	0.905
2008	1.043	0.983	1.024	0.993	0.959	1.055	0.981	0.994	0.946	0.937
2009	1.031	1.025	1.020	1.034	0.961	1.037	1.008	0.993	1.003	0.953
2010	1.071	1.074	1.108	1.053	0.986	1.164	1.080	1.063	1.020	0.995
2011	1.012	0.994	0.983	1.012	1.007	0.961	0.990	0.980	0.975	0.973
2012	1.029	0.960	1.017	1.004	0.971	1.041	0.984	1.013	0.899	0.931
2013	0.929	0.934	0.914	0.942	0.944	0.907	0.891	0.968	0.950	0.903
2014	1.079	1.290	1.235	1.122	1.074	1.227	1.198	1.048	1.112	1.051
2015	0.954	0.990	1.046	0.955	0.946	1.014	0.944	0.975	0.997	0.926

资料来源：《中国统计年鉴》（1998~2016）。

通过比较各城市群技术效率变化和技术进步变化平均水平，可以确定全要素生产率变化的主要来源。通过比较分析发现，长三角城市群全要素生产率变化主要是由于技术进步变化所推动的，技术效率变化水平接近于1；辽中南城市群、京津冀城市群、山东半岛城市群和珠三角城市群技术效率变化和技术进步变化对全要素生产率变化均产生了正向作

用，但技术进步变化拉动作用更加显著；海峡西岸城市群技术效率变化
小于1，全要素生产率主要依靠技术进步拉动；长江中游城市群技术效
率变化指数和技术进步变化指数均小于1；中原城市群技术效率变化指
数和技术进步变化指数虽然都大于1，但处于相对偏低水平；川渝城市
群和关中城市群技术进步变化指数小于1，全要素生产率变化主要依靠
技术效率变化拉动（见图6-1）。

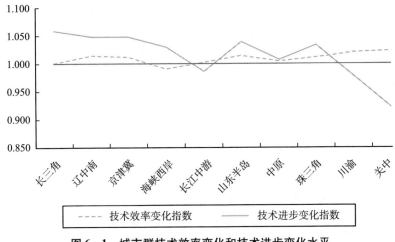

图6-1 城市群技术效率变化和技术进步变化水平

2. 门槛效应检验

全要素生产率反映经济增长中的技术创新贡献，准确判断产业集聚
模式对全要素生产率影响对制定合理产业集聚政策和进行产业模式优化
具有重要意义，可以通过优化产业集聚模式从而提升全要素生产率，促
进辽中南城市群经济持续发展。本书首先利用产业专业化集聚对全要素
生产率影响的门槛效应模型，计量检验产业专业化集聚对全要素生产率
的影响。计量检验发现：（1）产业专业化集聚对全要素生产率影响存
在双重门槛效应，在产业专业集聚低于第一个门槛值1.337情况下，产
业专业化集聚对全要素生产率影响为负，这可能是由于在产业专业化集
聚相对较低时，产业向单一方向集聚虽然能够提高集聚产业的技术创新

能力，但有可能会导致其他产业技术创新能力下降，而单一行业集聚水平有限，带来的技术创新经济增长贡献难以抵消其他行业下降水平，从而导致全社会的全要素生产率下降。在产业专业化集聚水平超过第一个门槛值向第二个门槛值上升过程中，集聚产业全要素生产率提升与其他产业全要素生产率下降相互抵消，产业专业化集聚对全要素生产率影响不显著，随着产业专业化集聚水平提升，产业专业化集聚超过第二个门槛值，产业专业化集聚对全要素生产率影响显著为正，说明产业专业化集聚推动了全社会全要素生产率的提升。产业专业化集聚与全要素生产率之间的关系说明要不断提高产业专业化集聚水平，在达到一定门槛值的条件下，产业专业化集聚有利于整体技术创新。（2）产业结构升级有利于全要素生产率提升，说明资本和劳动力等向更高技术创新能力的产业转移会促进全社会技术创新水平。（3）利用外资水平提升会提高全要素生产率，不断吸引外资流入，能够促进技术创新。

本书进一步对产业专业化集聚对技术效率变化和技术进步变化的影响。（1）产业专业化集聚对技术效率变化存在单门槛效应，在产业专业化集聚水平低于第一个门槛值 1.337 时，产业专业化集聚水平对技术效率变化影响为负，这可能是解释在专业化集聚水平较低时，产业专业化集聚对全要素生产率影响为负的原因，产业专业化集聚推动集聚产业技术效率提升，但损害了其他产业的技术效率，集聚产业技术效率提升难以补偿其他产业技术效率下降。随着产业专业化集聚水平超过门槛值，集聚产业技术效率提升抵消了其他产业技术效率损失。（2）产业专业化集聚对技术进步变化影响具有双重门槛效应，在产业专业化集聚低于第一个门槛值时，产业专业化集聚对技术进步变化影响系数为0.0102，在产业专业化集聚超过第一个门槛值且低于第二个门槛值时，产业专业化集聚对技术进步变化影响系数为 0.0366，在产业专业化集聚超过第二个门槛值时，产业专业化集聚对技术进步变化影响系数为0.0122。说明只要不断提高产业专业化集聚水平，就能够促进技术进步（见表6-7）。

表 6-7　　　　　　　　　　产业专业化集聚与技术创新

变量	全要素生产率	技术效率变化	技术进步变化
industry	0.1563 (2.26)	0.0392 (0.52)	0.0975 (1.11)
RPGDP	-0.0002 (-0.22)	0.0004 (0.50)	-0.0013 (-1.10)
FDI	0.0845 (2.71)	0.0043 (0.18)	0.0627 (2.03)
INFR	-0.0047 (-0.96)	-0.0041 (-0.89)	-0.0035 (-0.74)
finance	-0.0102 (-2.47)	-0.0063 (-1.55)	-0.0023 (-0.58)
INV		$2.79e-10$ (1.29)	$-4.04e-10$ (-1.56)
efficient	0.0006 (0.52)		0.0021 (1.41)
IRSA * I (IRSA ≤ τ1)	-0.0563 (-2.41)	-0.0361 (-1.78)	0.0102 (3.41)
IRSA * I (τ1 < IRSA ≤ τ2)	-0.0015 (-0.31)		0.0366* (2.42)
IRSA * I (IRSA > τ2)	0.0440 (4.74)		0.0122 (2.35)
IRSA * I (τ1 < IRSA)		0.0033 (0.89)	
R^2	0.252	0.323	0.298

三、产业专业化集聚的劳动生产率提升效应

改革开放 40 多年来，中国经济保持了较高的增长水平，创造了世界经济增长奇迹。在经济发展过程中，劳动力贡献是经济增长重要推动因素，依靠"人口红利"优势，充分利用外资，发挥"后发优势"，实

现经济快速起步。但是随着人口老龄化程度加深，劳动人口比重开始出现下降趋势，"人口红利"逐渐衰减，劳动力成本优势将会逐步消失，这对经济增长会产生不利影响。

但随着经济发展水平逐渐提高，人力资本素质也在显著提升。一方面，劳动力的劳动初始年龄增大，这主要是由于受教育年限延长所导致的，人们开始接受更多教育，劳动力素质增强。另一方面，职业技能培训和专业培训等方面的人力资本投资增加，人力资本水平显著提高。"人口质量红利"可以补偿"人口数量红利"衰减对经济增长的影响，而人力资本提升带来的"人口质量红利"在经济增长层面直接体现为劳动生产率提升。劳动生产率不仅是充分利用"人口质量红利"的判断指标，也是进行经济发展模式转型和促进经济持续发展的关键。

（一）产业专业化集聚劳动生产率效应模型

城市群产业集聚对劳动生产率具有显著影响。首先，产业集聚意味着同质化劳动力在空间内集聚，可以发挥人力资本规模效应，提高资本和劳动力结合的价值创造效率。其次，根据经济学原理，随着劳动生产要素数量增多，在相对有限的资本投入条件下，资本和劳动结合效率会有所降低，劳动生产率增速将会放缓。因此，城市群产业集聚对劳动生产率影响可能存在门槛效应，在特定门槛值前后的影响存在差异。

本书在门槛效应模型基础上，依据产业专业化集聚模式与劳动生产率之间的关系，设定产业专业化集聚模式的劳动生产率门槛效应模型：

$$LP_{it} = \begin{cases} u_i + \alpha RISA_{it} + \delta X + e_{it}, & q_{it} \leq \gamma \\ u_i' + \beta RISA_{it} + \theta X + e_{it}, & q_{it} > \gamma \end{cases} \quad (6-8)$$

其中，LP_{it}表示劳动生产率，$RISA_{it}$表示产业专业化集聚指数，X 表示相关控制变量，q 表示门槛值，本书选择同时将产业专业化集聚指数作为解释变量和门槛值。

（二）指标参数设定

本书对产业专业化集聚对劳动生产率影响的门槛效应模型中相关变

量进行指标参数设定。

被解释变量。本书选择劳动生产率作为因变量。本书利用《中国城市统计年鉴》中 GDP 与就业人口数据得到劳动生产率水平，并进一步对劳动生产率求对数处理。

解释变量和门槛变量。在计量模型中，本书同时选择将产业专业化集聚指数作为解释变量和门槛变量。

控制变量主要包括：（1）经济增长率。经济发展能够为劳动生产率提升提供人力资本等方面的支持，因此本书选择人均 GDP 增长率作为控制变量，采用《中国城市统计年鉴》中当期人均 GDP 与上期人均GDP 之比再减去 1 作为经济增长率的指标参数。（2）产业结构升级指数、实际使用外资金额、财政支出、基础设施水平、经济发展效率等控制变量指标参数同产业集聚的经济增长效应部分。

三、计量检验

（一）城市群劳动生产率水平

在各城市群发展过程中，劳动生产率水平逐渐提升，如长三角城市群劳动生产率由 1997 年的 36263 元/人提升至 2015 年的 388781 元/人，辽中南城市群劳动生产率提升至 374185 元/人。

通过比较各城市群劳动生产率水平，在 1997 年珠三角城市群劳动生产率水平最高，而关中城市群劳动生产率水平最低。而经过近 20 年发展，山东半岛城市群劳动生产率水平快速提升，在各城市群中已经处于最高水平，而珠三角城市群劳动生产率虽然也在提升，但提升速度低于山东半岛城市群。而现阶段，中原城市群劳动生产率水平最低，说明在经济发展过程中更多依靠劳动力投入来促进经济增长，劳动生产效率提升水平相对较低（见表 6-8）。

表 6－8　　　　　　　　各城市群劳动生产率水平　　　　　　　单位：元/人

年份	长三角城市群	辽中南城市群	京津冀城市群	海峡西岸城市群	长江中游城市群	山东半岛城市群	中原城市群	珠三角城市群	川渝城市群	关中城市群
1997	36263	26295	25786	35304	20115	27731	17208	40487	14957	16741
1998	62547	34822	44684	77757	48894	29285	32991	70233	48769	37382
1999	71145	39327	49872	88910	63738	87189	36232	80407	55922	46246
2000	81708	73600	61646	96859	76388	105164	43014	143088	66144	55448
2001	98655	88689	72027	106944	91719	123566	51922	166045	78539	57310
2002	168298	106940	80391	116653	101234	136569	58090	196516	88777	64143
2003	202128	130721	92178	127755	114998	164553	70490	219823	99116	74980
2004	244187	158592	107726	137258	129654	195785	89689	236941	115031	87411
2005	245623	178446	150089	137712	135782	207003	102860	292631	133593	101688
2006	298283	207264	169807	149866	155614	239936	122062	327081	158449	114658
2007	322137	259460	192522	167721	181175	271972	139186	365760	176423	120534
2008	344918	300754	221071	198353	223912	328241	175830	420165	209026	161402
2009	362029	318309	240499	225896	241274	342820	181014	427313	248186	187756
2010	397398	362363	273830	242294	266469	386221	209529	464814	298878	218871
2011	396238	371863	294723	250386	320862	400762	218436	484546	327621	247183
2012	411653	399332	307036	254173	357125	433711	227300	497469	365622	265747
2013	360871	385651	320239	253652	357356	428811	221171	334938	259504	249787
2014	354464	351627	354350	276349	388487	466460	247549	371058	379594	267920
2015	388781	374185	373460	291461	424404	510803	261339	405069	418811	291007

資料来源：《中国统计年鉴》（1998～2016）。

（二）产业专业化集聚对劳动生产率影响

本书利用产业专业化集聚对劳动生产率影响的门槛效应模型进行计量检验，计量检验结果发现：（1）产业专业化集聚对劳动生产率影响存在门槛效应，在产业专业化集聚水平低于第一个门槛值 1.337 时，产业专业化集聚对劳动生产率正向作用最大，回归系数为 0.378，在产业专业化集聚水平高于第一个门槛值 1.337 而低于第二个门槛值 3.328

时，产业专业化集聚对劳动生产率影响仍然为正，但回归系数降低为
0.177，在产业专业化集聚水平高于第二个门槛值时，产业专业化集聚
对劳动生产率影响降至最低。说明产业专业化集聚会有效促进劳动生产
率提升，但随着产业专业化集聚水平提升，劳动生产率提升的正向推动
作用在减弱。（2）基础设施投入对劳动生产率具有正向促进作用，不断
提高基础设施投入水平，有利于提升劳动生产率。（3）财政支出对劳动
生产率影响显著为正，在人力资本投资等方面合理增加财政支出有利于提
高劳动生产率（见表 6-9）。

表 6-9　　　　　　　产业专业化集聚与劳动生产率

变量	产业专业化集聚
Industry	-0.291 （-1.21）
RPGDP	0.008 （2.21）
FDI	0.0075 （0.09）
INFR	0.0877 （8.69）
finance	0.0838 （5.94）
INV	0.034 （1.56）
efficient	0.0162 （4.07）
IRSA $*$ I （IRSA $\leqslant \tau 1$）	0.378 （4.01）
IRSA $*$ I （$\tau 1 <$ IRSA $\leqslant \tau 2$）	0.177 （4.16）
IRSA $*$ I （IRSA $> \tau 2$）	0.051 （3.59）
R^2	0.852

第二节 产业多样化集聚效应

一、产业多样化集聚的经济增长效应

产业集聚可以分为产业专业化集聚和产业多样化集聚两种模式，本书进一步构建产业多样化集聚对经济增长影响的门槛效应检验模型，定量分析产业多样化集聚的经济增长效应。

（一）产业多样化集聚经济增长效应模型

产业集聚会对经济增长产生影响，相比产业专业化集聚，产业多样化集聚使得人力资源和物质资本等要素集聚在特定区域内，不同生产要素组合会促进经济发展，在多样化集聚水平偏低情况下，产业多样化集聚带来的要素组合经济增长贡献难以体现，而产业多样化集聚过高不利于劳动生产率提升，阻碍长期经济发展。

本书在门槛效应模型基础上，依据产业集聚模式与经济增长之间的关系，设定产业多样化集聚模式的经济增长门槛效应模型：

$$\text{Rpgdp}_{it} = \begin{cases} u_i + \alpha\text{RIDA}_{it} + \delta X + e_{it}, & q_{it} \leqslant \gamma \\ u_i' + \beta\text{RIDA}_{it} + \theta X + e_{it}, & q_{it} > \gamma \end{cases} \quad (6-9)$$

其中，Rpgdp 表示人均 GDP 增长率，X 表示相关控制变量，q 表示门槛值，本书选择同时将产业多样化集聚指数作为解释变量和门槛值。

（二）指标参数设定

本书对产业多样化集聚对经济增长影响模型中相关变量进行指标参数设定。[①]

---

① 由于产业专业化集聚与产业多样化集聚的效应分析在指标上具有一定的重合性，在产业专业化集聚定量分析中涉及的指标参数设定，在此部分将不再重复。

被解释变量。本书以人均 GDP 反映经济发展水平，并以人均 GDP 增长率作为经济增长核心指标。本书采用《中国城市统计年鉴》中市辖区 GDP 和市辖区年末总人口之比作为人均 GDP 指标参数。

解释变量和门槛变量。在模型中，产业多样化集聚指数是核心解释变量，本书同时选择将产业多样化集聚指数作为门槛变量。

控制变量主要包括：产业结构升级指数、实际使用外资金额 (FDI)、财政支出、基础设施水平、固定资产投资、居民消费水平、经济发展效率、人口增长率和城市绿色指数。具体参数设定同产业专业化集聚对经济增长影响测算部分。

（三）计量检验

产业多样化集聚对经济增长影响模型中具有双重门槛，门槛值分别为 0.045 和 0.047。产业多样化集聚对经济增长影响呈现分段特征，在产业多样化集聚指数小于 0.045、处于 0.045 和 0.047 以及大于 0.047 情况下，产业多样化集聚指数对经济增长影响不同（见表 6 – 10）。

表 6 – 10　　　　　　　　产业多样化集聚指数门槛值

	F 值	P 值	抽样次数	门槛值
单一门槛	5.181	0.137	1000	0.045
双重门槛	5.664**	0.037	1000	0.045、0.047

在产业多样化集聚对经济增长门槛效应检验过程中发现：（1）产业多样化集聚指数对经济增长影响存在双门槛效应，在产业专业化集聚指数小于 0.045 情况下，产业多样化集聚对经济增长影响不显著，产业多样化集聚指数大于 0.045 且小于 0.047 时，产业多样化集聚指数对经济增长率的回归系数为 217.46，产业多样化集聚指数超过第二个门槛值 0.047 时，对经济增长影响不显著。说明在产业多样化集聚水平相对较低时，难以发挥多种生产要素集聚组合对经济增长的促进作用，而产

业多样化集聚水平过高时，不利于充分发挥规模经济。产业多样化集聚保
持在合理区间内，既能够使得企业间可以共享中间产品，降低企业成本，
也能够充分发挥规模经济，促进经济发展。（2）居民消费水平（con-
sume）对经济增长影响为负，其他控制变量影响不显著（见表 6 - 11）。

表 6 - 11　　　　　　　　　产业多样化集聚与经济增长

变量	产业多样化集聚
Industry	-6.993 (-1.63)
FDI	-1.201 (-0.60)
INFR	-0.310 (-1.41)
finance	0.234 (0.68)
INV	0.0664 (1.06)
efficient	0.070 (0.97)
population	-0.239 (-0.80)
greencover	0.0192 (0.33)
consume	-0.374 (-3.39)
IRDA $*$ I $(\text{IRDA} \leqslant \tau1)$	54.31 (0.68)
IRDA $*$ I $(\tau1 < \text{IRDA} \leqslant \tau2)$	217.464 (2.81)

变量	产业多样化集聚
IRDA * I ($\tau2 < \text{IRDA}$)	35.65 (0.75)
R^2	0.498

二、产业多样化集聚的技术创新效应

为了比较两种产业集聚模式对技术创新的影响，本书进一步分析产业多样化集聚与全要素生产率、技术效率变化和技术进步变化之间的关系。准确判断产业多样化集聚与产业专业化集聚对技术创新影响的差异，从而为制定合理的产业集聚模式优化目标提供基础。

(一) 产业多样化集聚技术创新效应模型

相比产业专业化集聚，产业多样化集聚模式下资本和劳动等生产要素在不同产业之间分布相对分散，如果产业多样化集聚达到了技术创新的资本和劳动等生产要素要求门槛，有可能会对技术创新产生促进作用，否则产业多样化集聚对技术创新影响可能不显著。为了比较产业多样化集聚与产业专业化集聚对技术创新影响差异，本书同样构建产业多样化集聚对技术创新影响模型，如果实证检验门槛效应模型不成立，将会进一步利用固定效应或随机效应模型进行检验。

门槛效应模型具体为：

$$M_{it} = \begin{cases} u_i + \alpha \text{RIDA}_{it} + \delta X + e_{it}, & q_{it} \leqslant \gamma \\ u_i' + \beta \text{RIDA}_{it} + \theta X + e_{it}, & q_{it} > \gamma \end{cases} \quad (6-10)$$

其中，M_{it} 表示全要素生产率，RIDA_{it} 表示产业多样化集聚指数，q 表示门槛值，本书选择同时将产业多样化集聚指数作为解释变量和门槛值。

曼奎斯特生产率指数模型为：

$$M_i^t = D_i^t(x^t, y^t)/D_i^{t+1}(x^{t+1}, y^{t+1}) \tag{6-11}$$

其中，M 表示曼奎斯特生产率指数，而 D 表示投入距离函数，即某一生产点，如（x^t，y^t）向理想最小投入点压缩的比例。

全要素生产率模型进一步分解为技术效率变化和技术进步变化：

$$M_i(x^{t+1}, y^{t+1}; x^t, y^t) = E(x^{t+1}, y^{t+1}; x^t, y^t) \times TP(x^{t+1}, y^{t+1}; x^t, y^t) \tag{6-12}$$

其中，E 表示技术效率变化，TP 表示技术进步变化。

（二）指标参数设定

本书对产业多样化集聚对全要素生产率及其分解的技术效率变化和技术进步变化影响的门槛效应模型中相关变量进行指标参数设定。

被解释变量。本书以全要素生产率、技术效率变化和技术进步变化作为技术创新的核心指标。本书利用《中国城市统计年鉴》中 GDP、固定资本投资和就业人数等数据，采用曼奎斯特指数模型测算得到各城市群全要素生产率，并进一步分解出技术效率变化和技术进步变化。

解释变量和门槛变量。本书同时将产业多样化集聚指数作为核心自变量和门槛变量。控制变量主要包括：人均 GDP、产业结构升级指数、实际使用外资金额、财政支出、基础设施水平、经济发展效率等控制变量指标参数同产业集聚的经济增长效应部分。

（三）计量检验

本书对产业多样化集聚与全要素生产率、技术效率变化和技术进步变化之间可能存在门槛效应进行计量检验，但是在门槛值测算过程中发现产业多样化集聚对技术创新影响的门槛值并没有通过显著性检验，说明产业多样化集聚对技术创新影响不存在门槛值。鉴于这一结果，本书再次对产业多样化集聚与全要素生产率、技术效率变化和技术进步变化之间关系进行固定效应和随机效应检验，发现产业多样化集聚对全要素生产率、技术效率变化和技术进步变化均无显著影响（见表 6-12）。

表 6 – 12　　　　　　　　　　　产业多样化集聚与技术创新

变量	全要素生产率	技术效率变化	技术进步变化
IRDA	− 0.6803 (− 0.93)	− 0.2180 (− 0.44)	− 0.3238 (− 0.49)
Industry	0.1414 (1.50)	0.1106 (1.75)	0.0585 (0.70)
RPGDP	− 0.0012 (− 0.88)	0.0002 (0.30)	− 0.0015 (− 1.29)
FDI	0.0782 ** (2.14)	0.0018 (0.07)	0.0813 ** (2.50)
INFR	− 0.0082 (− 1.22)	− 0.0053 (− 1.19)	− 0.0024 (− 0.41)
finance	− 0.0129 ** (− 2.09)	− 0.0058 (− 1.40)	− 0.0069 (− 1.26)
efficient	0.0013 (0.94)	0.0004 (0.44)	0.0009 (0.72)
R^2	0.103	0.062	0.144

三、产业多样化集聚的劳动生产率提升效应

随着人口数量红利衰减，提高劳动生产率，实现人口质量红利替代人口质量红利成为促进经济持续发展的关键问题。不同产业集聚模式是否会对劳动生产率产生影响，是关系到城市群产业集聚政策调整方向的重要依据。为了比较产业多样化集聚模式与产业专业化集聚模式对劳动生产率影响，本书进一步分析产业多样化集聚与劳动生产率之间的关系。

（一）产业多样化集聚劳动生产率效应模型

本书依据产业集聚与劳动生产率之间可能存在门槛效应关系，设定

产业多样化集聚对劳动生产率提升影响的门槛效应模型。一方面可以判断产业多样化集聚是否对劳动生产率提升具有显著影响，另一方面可以比较产业多样化集聚与产业专业化集聚的劳动生产率提升效应差异。

产业多样化集聚对劳动生产率提升影响模型：

$$LP_{it} = \begin{cases} u_i + \alpha RIDA_{it} + \delta X + e_{it}, & q_{it} \leq \gamma \\ u_i' + \beta RIDA_{it} + \theta X + e_{it}, & q_{it} > \gamma \end{cases} \quad (6-13)$$

其中，LP_{it} 表示劳动生产率，$RIDA_{it}$ 表示产业多样化集聚指数，q 表示门槛值，本书选择同时将产业多样化集聚指数作为解释变量和门槛值。

（二）指标参数设定

本书对产业多样化集聚对劳动生产率影响的门槛效应模型中相关变量进行指标参数设定。

被解释变量。本书选择劳动生产率作为因变量。本书利用《中国城市统计年鉴》中 GDP 与就业人口数据得到劳动生产率水平，并进一步对劳动生产率求对数处理。

解释变量和门槛变量。在计量模型中，本书同时选择将产业多样化集聚指数作为解释变量和门槛变量。

控制变量主要包括：经济增长率、产业结构升级指数、实际使用外资金额、财政支出、基础设施水平、经济发展效率等，上述控制变量指标参数设定同产业集聚的经济增长效应部分。

（三）计量检验

通过对产业多样化集聚模式与劳动生产率之间关系进行门槛效应检验，发现：（1）产业多样化集聚对劳动生产率影响存在门槛效应，在产业多样化集聚水平低于第一个门槛值 0.029 和高于第二个门槛值 0.038 时，产业多样化集聚对劳动生产率影响不显著，在产业多样化集聚水平高于第一个门槛值而低于第二个门槛值时，产业多样化集聚对劳动生产率影响显著为正，说明需要将产业多样化集聚水平保持在合理区间之内，才能够有效促进劳动生产率显著提升。（2）产业结构升级对劳动生产率影响为负，说明由第一产业向第二、第三产业转移过程中并未提升劳动生产率，这可能是由于第三产业劳动生产率偏低所导致的，在第三产业中，小规模生活服务业占比偏高，导致劳动生产率偏低。（3）利用外资可以有效提高劳动生产率；（4）提高财政收入水平，有利于提高劳动生产率。（5）经济增长效率与劳动生产率之间存在显著正向关系（见表6－13）。

表6－13　　　　　　　　产业多样化集聚与劳动生产率

变量	产业多样化集聚
Industry	－ 0.423 ** （－1.91）
RPGDP	0.0034 （1.00）
FDI	0.167 * （1.75）
INFR	0.116 *** （8.15）
finance	0.072 *** （4.74）
INV	－ 0.0005 （－0.23）
efficient	0.015 *** （3.81）
IRDA * I （IRDA ≤ $\tau1$）	－ 3.686 （－0.63）
IRDA * I （$\tau1$ < IRDA ≤ $\tau2$）	10.232 *** （2.79）
IRDA * I （$\tau2$ < IRDA）	1.447 （0.69）
R^2	0.843

第七章

辽中南城市群产业集聚的
影响因素及优化路径

产业集聚对城市群经济增长、技术创新和劳动生产率等方面产生影响，本书基于产业专业化集聚和产业多样化集聚对经济发展、技术创新和劳动生产率提高等方面的影响，设定合理产业集聚模式优化目标，并实证检验产业集聚模式影响因素，有针对性地提出产业集聚优化路径，实现辽中南城市群合理的产业集聚，为振兴东北老工业基地提供助力。

第一节　产业集聚影响因素模型构建

依据产业专业化集聚和产业多样化集聚的经济效应，本书构建人口、产业发展、收入分配和产业协调程度等因素对产业专业化集聚模式和产业多样化集聚模式影响的计量，为实证检验产业集聚影响因素提供基础。①

---

① 由于影响因素的调整和变动将会同时对产业专业化集聚模式和产业多样化集聚模式产生影响，因此为了确定同一个因素对产业专业化集聚和产业多样化集聚的影响，本书将以核心影响因素为分析对象，在各影响因素内部分析对两种产业集聚模式影响，而没有分别对两种产业集聚模式的影响因素进行差别化分析。

一、城市群人口梯度分布

人口因素是影响产业集聚的重要因素，在城市群内部人口梯度分布程度将会对产业集聚模式产生直接影响，合理的人口梯度将会通过人力资本、消费等因素促进产业集聚水平提升，反之将不利于优化产业集聚模式。

（一）城市群人口梯度对产业集聚影响原理

人口分布是产业结构在空间内的投影，产业结构对人口分布产生影响，一方面，随着产业结构由第一产业向第二、第三产业转移，以就业结构变化为传导机制，人口开始由农村向城镇迁移，城镇人口总量增加，人口密度显著提升，城镇化水平不断提高。另一方面，在不同空间内，产业结构变化对人口也会产生影响，一个地区产业结构升级会推动就业需求增加，根据人口迁移理论，该地区吸引人口流入能力提高，迁入人口总量增加，如果该地区产业结构水平偏低，产业的就业容载力也相应偏低，难以吸引人口迁入。同时，人口分布对产业也会产生作用。一方面，人口集聚会为产业集聚提供消费环境，人口集聚会对产业发展产生消费市场规模效应，企业更倾向于选择人口集聚地区，会享受到消费规模效应对企业效益提升的好处。另一方面，人口集聚也为产业集聚提供了劳动力供给，劳动力是产业发展的重要支撑要素，劳动力集聚有利于推动产业集聚。

城市群发展面临两个方向，一是推动所有城市同步发展，资源平均分配；二是以核心城市为引导，形成合理的城市发展集群，充分发挥核心城市的空间溢出效应。显然城市群产业集聚发展并不是要实现城市群内部所有城市都一样，而是要以核心城市为主导，发挥核心城市的溢出作用，带动城市群发展。人口梯度分布有利于城市群内部形成合理的资源分配格局，突出核心城市发展的引领作用，实现人口与产业的协调发展。本书选择城市人口密度作为人口梯度分布的核心指标，人口密度比人口总量更能反映人口集聚与产业集聚之间的关系，产业集聚是产业在空间内的密集程度，具有经济密度性质，在本质上人口密度是与经济密度相对应的。同时，人口密度更具有空间性，人口密度不仅包含了人口总量因素，也包含了人口空间因素。根据产业结构升级理论，人口密度越高，对第三产业发展越有利。人口梯度分布对产业集聚影响存在门槛效应，当人口梯度分布水平较低时，各城市人口因素相差较小，未能实现劳动力资源合理配置，未能突出核心城市的发展拉动作用，产业与人口不相协调，此时人口梯度分布对产业集聚影响较小或影响不显著，在人口梯度分布达到一定程度之后，人口梯度分布对产业集聚影响开始显现。

（二）人口梯度分布对产业集聚影响的计量模型

由于人口梯度对产业集聚可能存在门槛效应，因此本书选择门槛效应模型实证检验城市群人口梯度与产业集聚之间的关系。

1. 模型构建

本书设定人口梯度对产业专业化集聚、产业多样化集聚影响的门槛效应模型，依据人口梯度分布与产业专业集聚之间的关系，设定人口梯度分布的产业专业化集聚影响门槛效应模型：

人口梯度对产业专业化集聚影响模型为：

$$RISA_{it} = \begin{cases} u_i + \alpha POP_{it} + \delta X + e_{it}, & q_{it} \leqslant \gamma \\ u_i' + \beta POP_{it} + \theta X + e_{it}, & q_{it} > \gamma \end{cases} \qquad (7-1)$$

其中，POP_{it} 表示城市群内部人口梯度分布水平，X 表示相关控制变量，q 表示门槛值，本书选择同时将人口梯度分布水平作为解释变量和门槛值。

人口梯度对产业多样化集聚影响模型：

$$RIDA_{it} = \begin{cases} u_i + \alpha POP_{it} + \delta X + e_{it}, & q_{it} \leqslant \gamma \\ u_i' + \beta POP_{it} + \theta X + e_{it}, & q_{it} > \gamma \end{cases} \qquad (7-2)$$

其中，q 表示门槛值，本书选择同时将人口梯度分布水平作为解释变量和门槛值。

2. 指标选取

人口梯度分布是城市群内部不同城市人口密度差异水平，一般来讲，核心城市产业结构升级和产业发展水平更高，核心城市人口密度与非核心城市人口密度之间差距越大，说明人口梯度分布水平越高，人口发展与产业发展更加契合。人口密度指标包含两个维度，一是人口总量，另一个是城市面积。本书选取《中国城市统计年鉴》中"市辖区人口数"作为人口总量的指标参数，选取"建成区面积"作为城市面积的指标参数，"市辖区人口数"与"建成区面积"之比为人口密度。进一步选取核心城市平均人口密度与非核心城市平均人口密度之比，作为人口梯度分布水平的指标参数。而核心城市与非核心城市划分标准主要包括两个方面，一是省会城市，二是高经济发展水平城市。以长三角城市群为例，选取上海、南京和杭州作为核心城市，其余城市作为非核心城市。

本书选取人均 GDP、外商投资水平、基础设施建设、固定资产投资、绿化覆盖率、科技创新投入和人口密度指标作为控制变量。人均 GDP 反映经济发展水平，经济发展有可能会为产业集聚提供经济条件，对产业集聚产生影响；外商投资水平反映城市吸引资本流入能力，基础设施建设、绿化覆盖率等因素是促进城市产业集聚的吸力，有利于促进投资；科技创新投入反映了对技术创新的财政支持，也是促进产业结构升级和产业集聚的重要因素；人口密度指标反映城市群整体人口集聚水平，人口密度越高，企业投资越有可能享受消费群体的规模效应。

二、主导产业发展水平

城市群产业集聚模式及水平受主导产业发展情况的影响，产业集聚的内在动因主要是获得规模经济，而非主导产业通常规模相对偏低，不利于形成规模经济，主导产业发展会形成产业"吸力"，从而推动产业集聚。

（一）主导产业发展水平对城市群产业集聚影响原理

规模经济是促进城市群产业集聚的重要推力，主导产业发展会对产业集聚规模经济产生影响，因此主导产业发展程度会对产业专业化集聚和产业多样化集聚产生影响。

主导产业发展对产业专业化集聚的影响。主导产业是在经济总量中占有较大比例的行业，在主导产业培育和发展过程中，资本、劳动力等经济要素向主导产业流入，随着主导产业规模逐渐扩大，规模经济开始逐渐显现，会吸引更多同类企业进入，不断提高产业专业化集聚水平。因此，主导产业发展水平越高，越有可能会促进主导产业专业化集聚。主导产业发展对产业专业化集聚影响可能存在门槛效应，在主导产业发展过程中，规模经济开始逐渐显现，更多资本和劳动力向主导产业流入，主导产业发展对产业专业化集聚促进作用明显，但规模经济并不会一直保持相同水平，受消费市场规模等因素影响，规模经济效应可能会有所减弱，当产业规模达到一定标准时，规模经济效应开始下降，规模经济对产业专业化集聚影响效果减弱，体现为主导产业发展对产业专业化集聚的作用系数开始下降。

主导产业发展对产业多样化集聚的影响。一方面，主导产业发展对产业多样化集聚影响呈现正反两方面的作用机制。随着主导产业发展，会在一定程度上促进上下游产业链的相关产业发展，形成多种产业快速发展的趋势，成为产业多样化集聚发展的推力。但另一方面，主导产业发展以规模经济为主要机制，会促进产业专业化集聚水平提升，而社会中资本和劳动力等经济要素资源有限，更多资本向主导产业凝聚，有可能会制约其他产业发展，从而不利于其他产业的发展。因此，主导产业发展对产业多样化集聚的促进效用有可能会被资源"挤占"的负向影响抵消。主导产业发展对产业多样化影响有可能为正，也有可能为负，这取决于正向效应与负向效应之间的对比关系，如果主导产业发展对产业多样化集聚的促进效用大于资源"挤占"的负向影响，主导产业发展会促进产业多样化集聚，如果主导产业发展对产业多样化集聚的促进效应小于资源"挤占"的负向影响，主导产业发展会抑制产业多样化集聚。

（二）主导产业发展水平对产业集聚影响的计量模型

依据主导产业发展对产业集聚影响原理，可以判断主导产业发展水平对产业集聚影响可能存在门槛效应，因此本书选择门槛效应模型实证检验城市群主导产业发展与产业集聚之间的关系。

1. 模型构建

本书设定主导产业发展水平对产业专业化集聚、产业多样化集聚影响的门槛效应模型。首先，依据城市群主导产业发展与产业专业化集聚之间的关系，设定主导产业发展的产业专业化集聚影响门槛效应模型：

主导产业发展对产业专业化集聚影响模型为：

$$\text{RISA}_{it} = \begin{cases} u_i + \alpha \text{DomI}_{it} + \delta X + e_{it}, & q_{it} \leqslant \gamma \\ u'_i + \beta \text{DomI}_{it} + \theta X + e_{it}, & q_{it} > \gamma \end{cases} \quad (7-3)$$

其中，DomI_{it} 表示城市群主导产业发展水平，X 表示相关控制变量，q 表示门槛值，本书选择同时将主导产业发展水平作为解释变量和门槛值。

主导产业发展水平对产业多样化集聚影响模型：

$$\text{RIDA}_{it} = \begin{cases} u_i + \alpha \text{DomI}_{it} + \delta X + e_{it}, & q_{it} \leqslant \gamma \\ u'_i + \beta \text{DomI}_{it} + \theta X + e_{it}, & q_{it} > \gamma \end{cases} \quad (7-4)$$

其中，q 表示门槛值，本书选择同时将城市群主导产业发展水平作为解释变量和门槛值。

2. 指标选取

主导产业发展是反映一个地区经济发展支撑产业的核心指标，主导产业可以从两个视角进行界定，一是增加值视角，即产业增加值占总增加值（GDP）比重，另一个是就业比重视角，产业就业人数占总就业人数比重。本书采用就业比重视角，将就业总人数中占比最高的产业界定为主导产业，根据城市群内部该产业就业人数占总就业人数的比重作为衡量城市群主导产业发展水平的指标参数，具体指标参数来源于历年《中国城市统计年鉴》。

同时，本书选取人均 GDP、外商投资水平、基础设施建设、固定资产投资、绿化覆盖率、科技创新投入、教育投入水平、财政支出水平、产业结构升级指数和人口密度指标作为控制变量。

三、劳动报酬分配比例

城市群产业集聚不仅受产业发展和人口分布的影响，同时也会受收入分配状况的制约。劳动报酬分配属于初次收入分配，在根本上受经济发展总量的影响，但收入分配水平也会反过来影响经济发展。本部分将会构建劳动报酬分配影响城市群产业集聚的计量模型。

（一）劳动报酬分配比例对城市群产业集聚影响原理

劳动报酬分配属于收入分配范畴，既要受产业集聚发展的影响，同时也会对产业集聚水平产生反作用，不同劳动报酬分配比例水平对产业集聚将会产生不同的作用。

劳动报酬分配对产业专业化集聚影响。劳动报酬分配比例对产业专业化集聚存在正向推动和反向制约两方面的影响。劳动报酬分配对产业专业化集聚反向制约作用体现在企业成本增加对投资的制约，劳动报酬分配比例越高，说明价值创造进行劳动生产要素的分配水平越高，企业劳动成本增加，有可能会对产业投资产生抑制效果。而劳动报酬分配水平对产业专业化集聚影响的正向推动机制体现为高劳动报酬分配对产业人才集聚的吸引力，劳动报酬分配比例越高，企业员工薪酬待遇水平越高，越会吸引更多产业人才集聚，从而促进城市群产业集聚水平提升。劳动报酬分配对产业专业化集聚影响的净效应受劳动生产率影响，企业员工劳动生产率越高，雇佣员工带来的企业收益就越有可能超过雇佣成本，从而提高企业收益，也就越有可能实现产业人才集聚和促进产业专业化集聚水平提升。反之，将会导致企业收益下降，不利于增加企业用人需求，难以形成产业人才集聚。而产业专业化集聚往往会提高劳动生产率，更容易符合劳动报酬分配对产业专业化集聚净效应为正的条件。同时，由于存在正反两方面的影响，劳动报酬分配对产业专业化集聚影响可能存在门槛效应，在劳动报酬分配比例达到不同标准时，劳动报酬分配水平对产业专业化集聚影响效果存在差异。

劳动报酬分配对产业多样化集聚的影响。劳动报酬分配对产业多样化集聚影响同样存在正反两方面机制，在作用原理上与产业专业化集聚相同。但产业多样化集聚与产业专业化集聚对劳动生产率影响存在差异，产业多样化集聚难以有效促进长期劳动生产率提升，因此劳动报酬分配对产业多样化集聚影响的净效应有可能更难达到正向条件。

（二）劳动报酬分配比例对城市群产业集聚影响计量模型

依据劳动报酬分配比例对产业集聚影响原理，可以判断劳动报酬分配比例对产业集聚影响可能存在门槛效应，因此本书选择门槛效应模型实证检验城市群劳动报酬分配比例与产业集聚之间的关系。

1. 模型构建

本书设定劳动报酬分配比例对产业专业化集聚、产业多样化集聚影响的门槛效应模型。首先，依据城市群劳动报酬分配比例与产业专业化集聚之间的关系，设定劳动报酬分配比例的产业专业化集聚影响门槛效应模型：

劳动报酬分配比例对产业专业化集聚影响模型为：

$$RISA_{it} = \begin{cases} u_i + \alpha H_{it} + \delta X + e_{it}, & q_{it} \leqslant \gamma \\ u_i' + \beta H_{it} + \theta X + e_{it}, & q_{it} > \gamma \end{cases} \quad (7-5)$$

其中，H_{it} 表示城市群劳动报酬分配比例，X 表示相关控制变量，q 表示门槛值，本书选择同时将劳动报酬分配比例作为解释变量和门槛值。

劳动报酬分配比例对产业多样化集聚影响模型：

$$RIDA_{it} = \begin{cases} u_i + \alpha H_{it} + \delta X + e_{it}, & q_{it} \leqslant \gamma \\ u_i' + \beta H_{it} + \theta X + e_{it}, & q_{it} > \gamma \end{cases} \quad (7-6)$$

其中，q 表示门槛值，本书选择同时将城市群劳动报酬分配比例作为解释变量和门槛值。

2. 指标选取

劳动报酬分配比例反映价值创造中劳动生产要素的贡献以及根据劳

动要素贡献确定的初次分配水平。在宏观层面，经济总量中用于初次报酬分配的比例水平；在微观层面，具体反映行业劳动报酬分配水平时，可以采用行业平均工资占行业增加值比重的方式进行体现。本书选取工资收入占增加值比重作为劳动报酬分配比例的指标参数，具体指标参数来源于历年《中国城市统计年鉴》。

同时，本书选取人均 GDP、外商投资水平、基础设施建设、固定资产投资、绿化覆盖率、科技创新投入、教育投入水平、企业成本和人口密度指标作为控制变量。

四、城市群产业发展协调度

城市群内部各城市之间经济发展协调程度是影响产业集聚的重要因素，城市之间产业发展关联性强有可能会实现城市之间产业发展的溢出效应，推动城市群内部该产业的集聚发展，城市之间产业发展关联性弱有可能会导致城市群产业发展同质性低，形成产业多样化发展。

（一）城市群内部产业关联发展程度对产业集聚影响原理

城市群产业集聚反映了产业要素在城市群内部各城市总体集聚水平，各城市之间产业发展的关联性对城市群产业集聚具有重要影响。

城市之间产业发展关联性强，有利于发挥核心城市产业发展的拉动作用，推动城市群内部同质性产业同步发展。城市群产业集聚的主要动力之一是核心城市的产业发展溢出效应，城市群内部所有城市共同发力有可能会导致资源分配过于分散而难以形成有效发展和产业集聚，通过核心城市产业快速发展可以拉动非核心城市的同质产业发展，从而形成产业集聚。但这种拉动作用能否有效发挥的关键在于城市之间产业发展的关联性强弱，城市之间产业发展的关联性越强，核心城市产业发展溢出效应有可能越显著，城市群产业专业化集聚水平越高。城市群产业发展关联程度对产业专业化集聚影响可能存在门槛效应，即城市之间产业发展关联程度达到一定程度时，才能够发挥对产业专业化集聚的促进作用，在产业关联程度较小时，核心城市产业发展的溢出效应不明显。

城市之间产业发展关联性较弱，核心城市产业发展对非核心城市影响就会减弱，不同城市之间可能由于资源禀赋和政策导向等方面原因而发展不同产业，如果城市群产业发展关联性相对较低，但仍保持在一定水平，有可能会由于不同产业之间的关联性，如上下游产业关联发展等，从而实现产业多样化集聚，而如果城市群产业关联性降低到一定程度，甚至完全不关联，就难以对产业多样化集聚产生影响。

因此，城市群产业发展关联性对产业专业化集聚或产业多样化集聚产生影响，产业发展关联性达到一定门槛值，提高产业关联性会显著促进产业专业化集聚，而产业关联性相对弱化，但高于特定水平时，有可能会对产业多样化集聚产生影响。城市群产业发展关联性反映了各城市之间发展的协调程度，是判断城市群整体发展规划实施效果的核心指标，如果想要实现城市群持续发展，就不能够以单个城市为主体进行分散发展，而是在制定发展政策时统筹规划，合理布局，将城市群作为一个整体，提高城市之间产业发展关联性。城市群产业发展关联性提升，促进产业专业化集聚和优化产业多样化集聚，从而有利于城市群经济持续发展和经济结构优化。

（二）产业发展关联度对产业集聚影响计量模型

依据产业发展关联性对产业集聚影响原理，可以判断产业发展关联程度对产业集聚影响可能存在门槛效应，因此本书选择门槛效应模型实证检验城市群产业发展关联度与产业集聚之间的关系。

1. 模型构建

本书设定城市群产业发展关联度对产业专业化集聚、产业多样化集聚影响的门槛效应模型。首先，依据城市群产业发展关联度与产业专业化集聚之间的关系，设定产业发展关联度的产业专业化集聚影响门槛效应模型：

产业发展关联度对产业专业化集聚影响模型为：

$$RISA_{it} = \begin{cases} u_i + \alpha Ind_{it} + \delta X + e_{it}, & q_{it} \leq \gamma \\ u_i' + \beta Ind_{it} + \theta X + e_{it}, & q_{it} > \gamma \end{cases} \quad (7-7)$$

其中，Ind_{it} 表示城市群内部各城市之间产业发展关联水平，X 表示相关控制变量，q 表示门槛值，本书选择同时将产业发展关联度作为解释变量和门槛值。

产业发展关联度对产业多样化集聚影响模型：

$$RIDA_{it} = \begin{cases} u_i + \alpha Ind_{it} + \delta X + e_{it}, & q_{it} \leq \gamma \\ u_i' + \beta Ind_{it} + \theta X + e_{it}, & q_{it} > \gamma \end{cases} \quad (7-8)$$

其中，q 表示门槛值，本书选择同时将城市群产业发展关联程度作为解释变量和门槛值。

2. 指标选取

产业发展关联度反映了城市群内部各城市之间的产业发展相互影响程度，可以从动态视角考虑产业发展关联度的指标参数设定。在动态层面，产业发展关联度体现为一个城市特定产业发展，同时另一个城市该产业联动发展程度，即不同城市之间同一产业发展的联动性和同步性。如果选择单一产业作为对象进行分析有可能会导致样本选择偏误而导致分析结论不准确，可以将所有产业作为一个整体判断不同城市之间产业发展的关联程度。而所有产业汇集在一起就体现为经济总量的变化联动水平。产业发展最终将在宏观经济总量变化中体现，产业增加值提高会导致经济增长，产业增加值下降会抑制经济增长。城市群内部一个城市受产业发展影响而实现经济增长，如果城市之间产业关联性强，其他城市经济总量也会相应增长，关联性越强，经济增长幅度越趋于一致，关联性越弱，经济增长幅度越离散。因此，本书选择城市之间经济总量变化关联程度作为产业发展关联性的指标参数，具体选择了城市群各城市 GDP 增长率的标准差。这一指标参数设定具有反向特征性质，即标准差越大，城市群各城市经济增长离散程度越高，说明产业发展关联越弱。

本书选择人均 GDP、外商投资水平、基础设施建设、固定资产投资、绿化覆盖率、科技创新投入、教育投入水平、财政支出水平、产业结构升级指数和人口密度指标作为控制变量。

第二节　辽中南城市群产业集聚影响因素分析

根据计量检验，确定城市群人口梯度分布、主导产业发展、劳动报酬分配和城市群经济协调度是影响产业集聚的核心要素，也是进行产业集聚模式优化的切入点。本书进一步对辽中南城市群产业集聚影响因素发展现状进行分析，为设定合理的产业集聚模式优化机制提供基础。

一、人口梯度分布水平下降

（一）人口梯度分布对产业集聚影响的计量检验

本书利用人口梯度分布对产业专业化集聚和产业多样化集聚影响的门槛效应模型，实证检验人口梯度分布对城市群产业集聚的影响。

本书首先对人口梯度分布对产业专业化集聚影响的门槛值进行测算，确定人口梯度分布对产业专业化集聚具有双门槛效应，门槛值分别为 1.841 和 1.954。在人口梯度分布水平低于 1.841 情况下，人口梯度分布水平提高对产业专业化集聚具有显著正向推动作用，回归系数为 5.15；在人口梯度分布水平高于 1.841 且低于 1.954 情况下，人口梯度分布水平提高对产业专业化集聚仍然呈现出显著正向推动作用，但回归系数下降为 2.305；而人口梯度分布水平高于 1.954 情况下，提升人口梯度分布水平对产业专业化集聚并无显著影响。

本书进一步对人口梯度分布对产业多样化集聚影响的门槛值进行测算，确定人口梯度分布对产业多样化集聚同样具有双门槛效应，门槛值分别为 1.104 和 1.816。在人口梯度分布水平低于 1.104 情况下，人口梯度分布水平提高对产业多样化集聚具有显著正向推动作用，回归系数为 0.015；在人口梯度分布水平高于 1.104 且低于 1.816 情况下，人口梯度分布水平提高对产业多样化集聚影响不显著；人口梯度分布水平高于 1.816 情况下，提升人口梯度分布水平对产业专业化集聚并无显著影响（见表 7-1）。

表7－1   人口梯度分布对城市群产业集聚的影响

变量	产业专业化集聚	产业多样化集聚
PGDP	2.79e－06 (0.34)	－7.36e－09 (－0.11)
FDI	－0.652 (－1.36)	0.009 (3.00)
INFR	－0.318 (－3.62)	－0.0003 (－0.51)
FI	0.321 (2.00)	－0.0008 (－0.62)
INV	－0.137 (－1.17)	0.0664 (1.06)
population	－0.790 (－1.71)	－0.00001 (－0.19)
greencover	1.411 (1.20)	0.0003 (0.04)
POP * I (POP ≤ τ1)	5.150 (3.35)	0.015 (2.24)
POP * I (τ1 < POP ≤ τ2)	2.305 (2.68)	0.004 (1.03)
POP * I (POP > τ2)	0.242 (0.69)	－0.003 (－0.97)
R^2	0.462	0.259

根据人口梯度分布对城市群产业集聚影响检验发现：（1）在人口梯度分布水平低于1.954情况下，提高人口梯度分布水平，可以促进产业专业化集聚水平提升，而在人口梯度分布水平超过1.954情况下，人口梯度分布对产业专业化集聚影响不显著，说明人口梯度分布要保持在合理标准之下，人口梯度分布水平过高，导致非核心城市发展缺少劳动供给和消费拉动作用，不利于城市群整体的产业集聚；（2）在人口梯度分布水平低于1.104情况下，提高人口梯度分布水平，会促进产业多

样化集聚水平提升，而人口梯度分布水平超过 1.104 情况下，人口梯度分布对产业多样化集聚影响不显著；（3）通过比较人口梯度分布对产业专业化集聚和产业多样化集聚影响可以发现，人口梯度分布对两种集聚模式影响存在错位交叠特征，即在特定水平之内，人口梯度分布对产业专业化集聚和产业多样化集聚均呈正向影响，具有交叠性，而人口梯度分布超过一定水平时，对产业专业化集聚仍存在正向影响，但对产业多样化集聚影响不显著，具有错位性。因此，在一定限度之内，不断提高人口梯度分布，可以持续提高产业专业化集聚水平，但对产业多样化集聚提升作用有限，这符合辽中南城市群提高产业专业化集聚、合理保持产业多样化集聚的优化目标，可以通过控制人口梯度分布水平达到这一目标；（4）同时，需要注意的是，人口密度对城市群产业专业化集聚影响为负，说明平均提高城市群内人口集聚水平并不会推动产业专业化集聚，反而导致人口资源非合理分布，制约产业专业化集聚水平提升，需要在核心城市与非核心城市之间进行合理规划。（5）科技创新投入对产业专业化集聚具有显著正向作用，提高科技创新投入有利于提高技术水平，提高劳动生产率，为产业专业化集聚提供良好的基础。

（二）辽中南城市群人口梯度分布现状及存在问题

人口分布是影响城市群产业集聚的主要影响因素之一，合理的人口布局有利于形成城市群内部梯度发展格局，充分发挥核心城市产业集聚的规模经济和溢出效应，带动城市群内部其他城市的快速发展，从而促进产业专业化集聚水平提升。目前，辽中南城市群各地区人口规模具有梯度特征，沈阳市和大连市作为辽中南城市群的核心城市，人口总量最大，2015 年沈阳市市辖区人口总量达到 530 万人，大连市市辖区人口总量为 305 万人，其他城市人口总量显著低于核心城市。但从人口密度角度来看，辽中南城市群各地区人口密度的梯度特征不明显，沈阳市作为省会城市和经济核心城市，市辖区人口密度仅为 1527 人/平方公里，大连市市辖区人口密度更低于沈阳市，而鞍山市、营口市和盘锦市的市辖区人口密度明显大于沈阳市和大连市，人口密度和经济发展水平不相契合，人口密度难以对产业集聚形成有效的回应，资本要素集聚未能与人口集聚相匹配，会导致消费规模经济难以有效发挥，会限制资本的进一步集聚，不利于产业专业化集聚水平提升（见表7-2）。

表7-2 辽中南城市群各地区人口总量及密度

地区	市辖区年末总人口 （万人）	市辖区人口密度 （人/平方千米）
沈阳市	530	1527
大连市	305	1188
鞍山市	150	1894
抚顺市	141	996
本溪市	93	613
丹东市	78	829
营口市	93	1325
辽阳市	87	783
铁岭市	44	668
盘锦市	65	2590

资料来源：《中国统计年鉴》（1998～2016）。

如图7-1所示，由于各地区人口密度梯度特征不显著，1997～2015年辽中南城市群人口梯度分布系数呈逐渐下降趋势，由1997年1.04波动下降至2015年约0.93，核心城市平均人口密度已经低于非核心城市人口密度。根据人口梯度分布系数与产业专业化集聚和产业多样化集聚的关系，人口梯度分布系数下降会制约城市群产业专业化集聚水平提升，不利于实现产业集聚模式优化和促进辽中南城市群经济持续发展的目标，因此，需要对各城市人口发展规划进行合理布局，推动核心城市人口密度提升，形成产业集聚和人口集聚紧密联系的发展模式（见图7-2）。

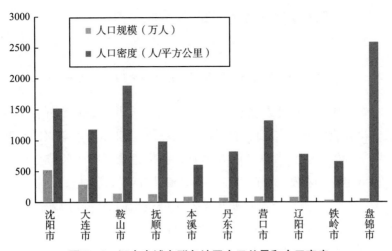

图7-1　辽中南城市群各地区人口总量和人口密度

资料来源：《中国城市统计年鉴（2016）》。

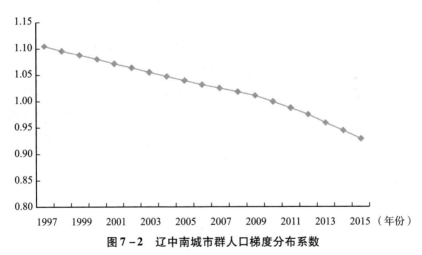

图7-2　辽中南城市群人口梯度分布系数

注：城市群人口梯度分布系数=核心城市平均人口密度/非核心城市平均人口密度，基于经济发展角度，本书选择沈阳和大连作为辽中南城市群核心城市，其他城市为非核心城市。

资料来源：根据《中国城市统计年鉴》中辽中南城市群各地区市辖区人口密度数据计算得到。

二、主导产业发展推力不足

（一）主导产业发展对产业集聚影响的计量检验

本书利用主导产业发展水平对产业专业化集聚和产业多样化集聚影响的门槛效应模型，实证检验主导产业发展对城市群产业集聚的影响。

本书首先对主导产业发展对产业专业化集聚影响的门槛值进行测算，确定主导产业发展对产业专业化集聚具有单门槛效应，门槛值分别为36.403%。在主导产业发展水平低于门槛值时，主导产业发展对产业专业化集聚具有显著正向推动作用，回归系数为0.171；在主导产业发展高于门槛值时，提高主导产业发展水平对产业专业化集聚仍然呈现出显著正向推动作用，但回归系数下降为0.109，说明随着主导产业规模提升，资源、消费市场等因素对规模经济制约开始显现作用，主导产业发展对产业专业化集聚的正向作用减弱。

本书进一步对主导产业发展对产业多样化集聚影响的门槛值进行测算，确定主导产业发展对产业多样化集聚同样具有双门槛效应，门槛值分别为31.78%和37.84%。在主导产业发展水平低于31.78%情况下，主导产业发展水平提高对产业多样化集聚具有显著反向抑制作用，回归系数为 -0.0006，说明主导产业发展对产业链相关行业发展的促进效应小于资源约束下的资本"挤占"效应；在主导产业发展水平高于31.78%且低于37.84%情况下，主导产业发展对产业多样化集聚影响不显著，说明主导产业发展对产业链相关行业发展的促进效应与资源约束下的资本"挤占"效应相抵消；主导产业发展水平高于37.84%情况下，提升主导产业发展水平对产业专业化集聚影响为负，在达到一定水平时，单一产业发展会抑制产业多样化集聚。

通过比较主导产业发展对产业专业化集聚和产业多样化集聚的影响，可以发现：（1）持续促进主导产业发展对产业专业化集聚具有推动作用，辽中南城市群制造业资源禀赋较高，以制造业为主导，发展新型产业，可以实现提高产业专业化集聚目标，有利于促进经济发展；
（2）主导产业发展对产业专业化集聚和产业多样化集聚影响存在门槛
区间差异，如果城市群主导产业发展水平低于31.78%，提高主导产业发
展水平将会促进产业专业化集聚和抑制产业多样化集聚，如果城市群主导
产业发展水平高于31.78%且低于36.40%，提高主导产业发展水平会显
著促进产业专业化集聚，但是对产业多样化集聚没有影响，如果高于
36.40%且低于37.84%，主导产业发展对产业专业化集聚推动作用下降，
但对产业多样化集聚仍没有影响，如果城市群主导产业发展水平高于
37.84%，提高主导产业发展水平仍将会促进产业专业化集聚和抑制产业
多样化集聚；（3）利用主导产业发展对产业专业化集聚的正向作用和产
业多样化集聚的抑制作用，合理发展主导产业，有利于实现辽中南城市群
提高产业专业化集聚和保持适度产业多样化集聚的目标（见表7-3）。

表 7 - 3　　　　　主导产业发展对城市群产业集聚的影响

变量	产业专业化集聚	产业多样化集聚
PGDP	- 0.0001 （- 1.08）	- 8.95e - 08 （- 1.53）
FDI	- 0.523 （- 1.07）	0.0140 （5.40）
INFR	0.0275 （0.26）	0.0026 （4.97）
FI	0.757 （3.25）	- 0.0001 （- 0.09）
INV	- 0.0104 （- 0.72）	- 0.0001 （- 2.14）
population	- 0.864 （- 1.40）	- 0.006 （- 2.77）
greencover	1.648 （1.19）	- 0.008 （- 1.03）
lnedu	- 1.681 （- 3.23）	- 0.006 （- 2.06）

变量	产业专业化集聚	产业多样化集聚
finance	0.013 (1.28)	0.001 (1.52)
DomI * I (DomI ≤ τ1)	0.171 (4.11)	−0.0006 (−1.77)
DomI * I (DomI > τ1)	0.109 (3.02)	
DomI * I (τ1 < DomI ≤ τ2)		−1.27e−06 (−0.00)
DomI * I (DomI > τ2)		−0.0005 (−2.52)
R^2	0.348	0.571

（二）辽中南城市群主导产业发展水平及存在的问题

随着工业化和城镇化水平逐渐提升，辽中南城市群各地区第二产业和第三产业就业人数增加，占就业总人口比重也显著提高。目前，沈阳市、大连市作为核心城市，其市辖区第三产业就业人口数已经超过第二产业，产业结构升级指数较高，而部分地区第二产业仍占主导地位，如鞍山市、抚顺市等（见表7-4）。

表7-4　　　　　辽中南城市群各地区三次产业就业人数　　　　单位：万人

地区	市辖区第一产业 就业人数	市辖区第二产业 就业人数	市辖区第三产业 就业人数
沈阳市	0.12	61.97	74.71
大连市	0.11	42.62	50.80
鞍山市	0.09	24.06	15.78
抚顺市	0.13	13.26	10.21
本溪市	0.00	11.85	10.47
丹东市	0.01	6.92	9.25

续表

地区	市辖区第一产业就业人数	市辖区第二产业就业人数	市辖区第三产业就业人数
营口市	0.05	8.42	10.21
辽阳市	0.18	7.27	6.67
铁岭市	0.01	1.90	4.09
盘锦市	0.01	16.08	8.30

资料来源：中国城市统计年鉴（2016）。

在产业结构升级过程中，虽然部分地区第三产业已经占据经济主导地位，但在具体产业细分层面，制造业仍然是辽中南城市群各地区的主导产业，在总就业人数中占比最高。2015 年沈阳市的市辖区制造业就业人数占总就业人数比重约为 21.15%，大连市达到了约 35.78%，而鞍山市的市辖区制造业就业人数占比最高，已经达到约 42.56%，接近一半就业人口都集中在制造业。盘锦市的市辖区制造业就业人数占比最低，仅为 13.98%（见图 7 - 3）。

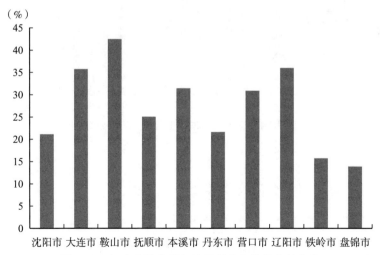

图 7 - 3 辽中南城市群各地区制造业就业人数占比

资料来源：中国城市统计年鉴（2016）。

　　根据各地区制造业就业人数及辽中南城市群就业总人数发展趋势，可以确定辽中南城市群主导产业发展趋势。近年来，辽中南城市群主导产业发展水平总体上呈下降趋势，现阶段辽中南城市群主导产业占比下降至约28%。根据主导产业发展水平和产业专业化集聚、产业多样化集聚的关系，合理提高主导产业发展水平有利于促进产业专业化集聚水平提升，并在一定程度上制约产业多样化集聚，从而有利于实现提高产业专业化集聚和合理保持产业多样化集聚水平的产业集聚优化目标。因此，要合理发展主导产业，提高主导产业发展水平。而发展主导产业并不是仅仅保持传统主导产业发展规模不变或提升，而是要以结构优化为重点，以创新驱动为主要途径，不断提高主导产业发展质量，即实现质量和规模并行提高，并且随着产业结构升级，主导产业逐步由制造业向第三产业的高劳动生产率行业转移（见图7-4）。

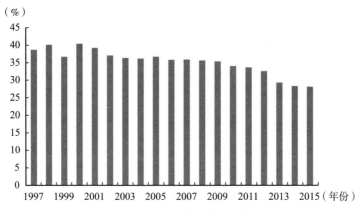

图7-4　辽中南城市群主导产业发展趋势

资料来源：中国城市统计年鉴（2016）。

三、劳动报酬分配比例偏低

（一）劳动报酬分配对产业集聚影响的计量检验

　　本书首先对劳动报酬分配比例对产业专业化集聚影响的门槛值进行

测算，确定劳动报酬分配比例对产业专业化集聚具有双门槛效应，门槛值分别为 36% 和 103%。在劳动报酬分配比例低于第一个门槛值时，劳动报酬分配比例对产业专业化集聚具有显著正向推动作用，回归系数为 0.164；在劳动报酬分配比例高于第一个门槛值且低于第二个门槛值时，提高劳动报酬分配比例对产业专业化集聚仍然呈现出显著正向推动作用，但回归系数下降为 0.102；在劳动报酬分配比例高于第二个门槛值时，劳动报酬分配比例对产业专业化集聚影响的回归系数进一步降低为 0.095。由于劳动报酬分配比例难以达到并超过 100%，因此第一个门槛值更具有现实考量价值。

本书进一步对劳动报酬分配比例对产业多样化集聚影响的门槛值进行测算，确定劳动报酬分配比例对产业多样化集聚同样具有双门槛效应，门槛值分别为 27.23% 和 83.42%。在劳动报酬分配比例低于 27.23% 情况下，劳动报酬分配比例提高对产业多样化集聚具有显著反向抑制作用，回归系数为 −0.0014，说明劳动报酬分配比例对产业多样化影响的净效应为负，在特定劳动生产率条件下，雇佣员工带来的收益难以补偿雇佣成本；在劳动报酬分配比例高于 23.23% 且低于 83.42% 情况下，劳动报酬分配比例对产业多样化集聚影响不显著，说明劳动报酬分配比例对产业多样化集聚的促进效应与反向制约效应相抵消；劳动报酬分配比例高于 83.42% 情况下，劳动报酬分配比例对产业多样化集聚影响同样不显著。

通过比较劳动报酬分配对产业专业化集聚和产业多样化集聚的影响，可以发现：（1）合理提高劳动报酬分配比例对产业专业化集聚具有推动作用，而提高劳动报酬分配比例不仅是优化辽中南城市群产业集聚模式的有效途径，也可以提高劳动力经济福利，符合国家提高初次分配中劳动报酬分配比例的发展政策，促进辽中南城市群经济持续发展；（2）劳动报酬分配比例对产业专业化集聚和产业多样化集聚影响存在门槛区间差异，劳动报酬分配比例对产业专业化集聚影响始终为正，而在劳动报酬分配比例低于 23% 情况下，劳动报酬分配对产业多样化集聚影响为负，超过这一门槛值影响不显著，而辽中南城市群劳动报酬分配比例已经高于这一水平，说明在提高劳动报酬分配比例情况下，会显著促进产业专业化集聚，而对产业多样化集聚不会产生明显影响（见表7-5）。

表7-5   劳动报酬分配比例对城市群产业集聚的影响

变量	产业专业化集聚	产业多样化集聚
PGDP	0.00002 (2.70)	1.13e-07 (1.55)
FDI	-0.027 (-0.05)	0.008 (2.06)
INFR	0.0798 (0.79)	0.0021 (2.61)
FI	0.892 (5.35)	-0.0002 (-0.16)
INV	0.0053 (0.44)	-0.0007 (-0.74)
population	-0.258 (-0.58)	-0.007 (-1.90)
greencover	2.36 (2.07)	0.0032 (0.35)
lnwage	-4.683 (-6.95)	-0.013 (-2.33)
H*I (H≤τ1)	0.164 (4.44)	-0.0014 (-3.80)
H*I (τ1<H≤τ2)	0.102 (6.53)	0.0001 (0.79)
H*I (H>τ2)	0.095 (6.23)	-0.00004 (-0.31)
R^2	0.489	0.349

（二）辽中南城市群劳动报酬分配比例现状及存在的问题

劳动报酬分配比例是反映经济总量中按劳动贡献进行价值分配的水平。劳动报酬分配一方面反映了就业人口收入福利水平，另一方面也反映了企业雇佣劳动力的边际成本。

辽中南城市群劳动报酬分配比例发展趋势大体可以分为三个阶段：1997～2005年劳动报酬分配比例呈上升趋势；2006～2013年劳动报酬分配比例虽有波动，但总体呈下降趋势；2013年之后，劳动报酬分配比例显著提高。根据劳动报酬分配比例与产业专业化集聚、产业多样化集聚之间关系，提高劳动报酬分配比例有利于促进产业专业化集聚，而对产业多样化集聚影响不显著。因此，要继续合理提高劳动报酬分配水平，这与国家发展政策中的提高初次报酬分配比重的要求相一致（见图7-5）。

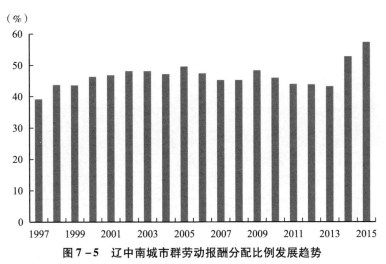

图7-5 辽中南城市群劳动报酬分配比例发展趋势

注：劳动报酬分配比例＝平均工资/人均GDP。
资料来源：中国城市统计年鉴（2016）。

目前，辽中南城市群劳动报酬分配比例虽然开始呈快速上升趋势，但是各地区劳动报酬分配水平仍存在问题，需要在提高城市群劳动报酬分配水平时进行优化。劳动报酬分配是按劳动生产要素价值创造贡献进行的财富划分，分配水平应该与劳动贡献相一致，而劳动生产率是反映劳动生产要素价值创造贡献的指标之一，劳动报酬分配应该与劳动生产率相一致，这也符合均衡状态下边际成本与边际收益相等的经济学原理。在辽中南城市群各地区劳动报酬分配中，存在部分地区工资收入与劳动生产率不相匹配的情况，如铁岭市劳动生产率偏低而职工平均工资偏高，而本溪市劳动生产率相对偏高于铁岭市，职工平均工资却相对偏低。工资收入与劳动生产率倒挂是提高辽中南城市群劳动报酬分配水平过程中需要解决的问题（见表7-6）。

表7-6　　　　　辽中南城市群各地区职工平均工资及劳动生产率

地区	职工平均工资（元）（市辖区）	劳动生产率（万元/人）
沈阳市	63114	43.06
大连市	72758	37.76
鞍山市	45435	18.48
抚顺市	52273	36.36
本溪市	42666	36.37
丹东市	33716	14.41
营口市	51503	15.79
辽阳市	50805	36.00
铁岭市	46619	9.81
盘锦市	64111	19.16

资料来源：中国城市统计年鉴（2016）。

四、产业发展协调程度不高

（一）产业发展协调程度对产业集聚影响的计量检验

本书利用城市群产业发展关联度对产业专业化集聚和产业多样化集聚影响的门槛效应模型，实证检验产业发展关联程度对城市群产业集聚的影响。

本书首先对城市群产业发展关联度对产业专业化集聚影响的门槛值进行测算，确定产业发展关联度对产业专业化集聚的影响具有双门槛效应，门槛值分别为 3.75 和 4.42。由于本书选择将经济增长标准差作为产业发展关联度指标参数，数值大小与关联度大小呈相反关系，即标准差越大，产业发展关联度越小，因此虽然在产业发展关联度指标低于3.75 情况下，产业发展关联度对产业专业化集聚影响为负，但本质上是提高产业发展关联度可以促进产业专业化集聚水平提升，说明在产业发展关联度达到一定标准时（标准差小于 3.75，经济增长离散幅度较小），产业发展关联度与产业专业化集聚正相关。在产业发展关联度大于 3.75 情况下，即产业发展关联程度较低，城市群内部各城市之间经济联系较为松散，产业发展关联度对产业专业化集聚影响未通过显著性检验。

本书进一步对城市群产业发展关联度对产业多样化集聚影响的门槛值进行测算，确定产业发展关联度对产业多样化集聚同样具有双门槛效应，门槛值分别为 7.30 和 8.93。在城市群产业发展关联度指标参数低于7.30 情况下，产业发展关联度相对较高时，提高产业发展关联度对产业多样化集聚影响不显著；在产业发展关联度指标参数高于 7.30 且低于8.93 时，说明产业发展关联度相对较弱，但城市之间产业发展仍保持一定联系，此时适度降低产业发展关联度反而有利于产业多样化集聚；在城市群产业发展关联度指标参数高于 8.93 情况下，产业发展关联度已经比较小，提高产业发展关联度对产业多样化集聚影响同样不显著（见表7－7）。

表7－7　　　　产业发展关联度对城市群产业集聚的影响

变量	产业专业化集聚	产业多样化集聚
PGDP	－ 0.0001 （－ 1.33）	1.55e－08 （0.23）
FDI	－ 1.260 （－ 2.91）	0.0154 （4.83）

续表

变量	产业专业化集聚	产业多样化集聚
INFR	-0.170 (-1.83)	0.0014 (2.34)
FI	1.088 (3.81)	-0.0004 (-0.25)
INV	-0.328 (-2.77)	0.0005 (0.57)
population	-1.255 (-2.39)	-0.0205 (-4.41)
greencover	-0.312 (-0.26)	0.0028 (0.29)
lnedu	-1.177 (-2.18)	-0.008 (-2.20)
finance	0.231 (2.38)	-0.0003 (-0.45)
Industry	0.447 (0.30)	0.0163 (2.02)
Ind * I (Ind ≤ τ1)	-0.339 (-2.51)	-0.002 (-0.49)
Ind * I (τ1 < Ind ≤ τ2)	0.162 (1.05)	0.001 (2.36)
Ind * I (Ind > τ2)	-0.014 (-0.91)	-1.71e-06 (-0.02)
R^2	0.376	0.363

通过实证检验发现，产业发展关联度在达到一定标准时，不断提高产业发展关联程度可以有效促进城市群产业专业化集聚水平提升，现阶段辽中南城市群产业发展关联程度接近第一个门槛值，通过进一步统筹规划和合理布局，可以将产业发展关联度提高至第一个门槛值标准以上，通过促进各城市之间产业发展协调性和同步性，充分发挥核心城市

的产业发展溢出效应，有利于实现提高产业专业化集聚水平的目标。同时，产业发展关联度对产业专业化集聚和产业多样化集聚影响的门槛区间存在错位性，产业发展关联度对产业专业化集聚影响的门槛区间值较低，而产业发展关联度对产业多样化集聚影响的门槛区间值较高。因此，提高产业发展关联性在促进产业专业化集聚的同时，不会显著提高产业多样化集聚水平，这有利于实现合理控制产业多样化集聚的模式优化目标。

（二）辽中南城市群产业发展协调度现状及存在问题

本书选取城市群内部各地区经济增长率的标准差作为经济发展协调度的指标参数。根据统计分析发现，辽中南城市群内部经济发展协调程度波动性较大，但总体上呈现增强趋势（标准差是反向指标，标准差呈下降趋势说明经济增长离散程度在降低），说明辽中南城市群各地区之间经济发展的关联性有所提高。目前，辽中南城市群经济协调度系数虽然波动性下降，但系数仍高于经济协调度对产业专业化集聚促进门槛效应的第一个门槛值，需要在制定发展战略和产业布局时，将辽中南城市群作为一个整体进行统筹规划，不断增强辽中南城市群内部产业发展关联程度，促进产业专业化集聚水平提升，发挥辽中南城市群对振兴东北老工业基地的引领作用（见图7-6）。

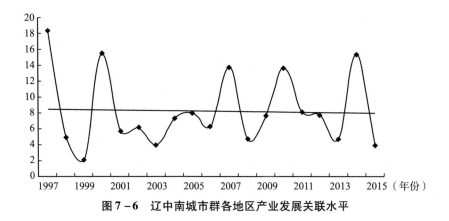

图7-6　辽中南城市群各地区产业发展关联水平

第三节 辽中南城市群产业集聚优化路径选择

根据辽南城市群产业集聚模式优化目标，结合辽中南城市群产业集聚影响因素，可以确定从城市群人口结构布局、主导产业发展、劳动报酬分配和产业发展关联度等方面着手进行产业集聚模式优化，根据辽中南城市群产业集聚影响因素发展现状，设定合理的产业集聚模式优化机制。

一、城市群产业集聚模式选择路径

本书利用城市群产业集聚与经济社会发展关系的规律，以产业专业化集聚和产业多样化集聚对经济增长、技术创新和劳动生产率影响为现实依据，确定辽中南城市群产业集聚模式的选择路径。

（一）持续提高辽中南城市群产业专业化集聚水平

依据产业专业化集聚对经济增长、技术创新和劳动生产率影响，对产业专业化集聚水平进行调整需要从两个角度进行考虑，一是有利于促进短期经济增长，二是有利于长期经济发展模式优化。

产业专业化集聚对经济增长影响。在产业专业化集聚水平低于5.697时，提高产业专业化集聚会显著促进经济增长。现阶段辽中南城市群产业专业化集聚水平为4.23，因此可以持续提高产业专业化集聚水平，推动辽中南城市群经济增长，有利于实现振兴东北老工业基地目标。

产业专业化集聚对技术创新影响。产业专业化集聚低于1.347时，产业专业化集聚不利于全要素生产率提升，在产业专业化集聚高于12.336时，产业专业化集聚对全要素生产率提升具有正向推动作用。通过对全要素生产率分解，实证检验发现产业专业化集聚对技术进步变化具有显著正向促进作用。现阶段，辽中南城市群产业专业化集聚水平已经超过第一个门槛值，提高产业专业化集聚水平可以发挥两个方面作用，一方面是可以促进技术进步变化，另一方面在产业专业化集聚超过第二个门槛值时，提高产业专业化集聚水平可以提高全要素生产率。

产业专业化集聚对劳动生产率影响。产业专业化集聚对劳动生产率影响具有双门槛效应，在产业专业化集聚在不同门槛值区间对劳动生产率影响均显著为正，但随着产业专业化集聚水平提升，这种影响开始逐渐减弱，表现为回归系数逐渐缩小。但提高产业专业化集聚仍能够不断提高劳动生产率。

依据产业专业化集聚对经济增长、技术创新和劳动生产率等方面的影响，结合辽中南城市群产业专业化集聚水平现状，可以确定辽中南城市群需要不断提高产业专业化集聚水平，既能够促进短期经济增长，也有利于优化长期经济增长模式。

（二）合理保持辽中南城市群产业多样化集聚水平

产业多样化集聚同样需要依据其与经济增长、技术创新和劳动生产率等方面的关系进行优化调整。通过对产业多样化集聚水平进行优化，实现产业集聚与经济发展、经济结构优化相契合。

产业多样化集聚对经济增长影响。产业多样化集聚对经济增长影响存在双门槛效应，在产业多样化集聚水平高于 0.045 且低于 0.047 时，产业多样化集聚对经济增长具有正向促进作用，产业多样化集聚水平低于第一门槛值和高于第二门槛值时，对经济增长影响均不显著。现阶段，辽中南城市群产业多样化集聚水平约为 0.053，高于第二个门槛值，适当降低产业多样化集聚水平，使其保持在适度区间内平稳提高，有利于促进经济增长。

产业多样化集聚对技术创新影响。产业多样化集聚对全要素生产率、技术效率变化和技术进步变化影响不存在门槛效应，同时利用固定效应模型进行实证检验发现，虽然产业多样化集聚对全要素生产率、技术效率变化和技术进步变化影响均为负向，但均未通过显著性检验。

产业多样化集聚对劳动生产率影响。产业多样化集聚对劳动生产率影响存在双门槛效应，产业多样化集聚水平高于第一个门槛值 0.029 且低于第二个门槛值 0.038 时，产业多样化集聚对劳动生产率影响显著为正。产业多样化集聚低于第一个门槛值或高于第二个门槛值时，产业多样化集聚对经济增长影响不显著。

依据产业多样化集聚对经济增长、技术创新和劳动生产率影响，结合目前辽中南城市群产业多样化集聚水平现状，可以确定要适度降低辽中南城市群产业多样化集聚水平，并使其保持在适度区间内合理增长。

二、合理构建城市群人口梯度布局

提高城市群人口梯度分布水平可以促进产业专业化集聚，保持产业多样化集聚水平在适度区间，实现城市群产业集聚模式优化目标。现阶段，辽中南城市群人口梯度分布系数仅为 0.93，需要通过合理人口布局，推动城市群内部人口梯度分布。合理推动城市群人口梯度分布的关键在于不断提高核心城市人口密度，提高核心城市人口集聚水平。

（一）实施核心城市户籍制度改革

城镇人口集聚是提高城市人口密度的有效途径，户籍制度是影响人口集聚的重要因素。提高核心城市人口密度，形成合理的人口梯度分布格局，需要适度放宽户籍制度。目前，沈阳市已经将开始逐步推行积分落户制度，根据学历、年龄和社会保险年限等因素确定积分，在积分达到一定标准时可以落户，同时继续执行购房、"三投靠"、人才引进和投资等落户政策。降低落户门槛可以有效吸引人口流入，提高户籍人口数，减少"候鸟式"迁移人口数量，提高城镇化质量。

进一步实施核心城市户籍制度改革可以从以下几个方面着手：第一，适度放宽社会保险缴费年限的限制，在现有户籍制度下可以提高社会保险缴费年限的积分值；第二，财政补贴农民工市民化成本，从公共成本和私人成本等方面对农民工市民化成本进行准确测度，并以财政预算方式进行市民化成本财政补贴规划，促进农民工市民化；第三，发挥居住证制度的制度阶梯作用，在户籍制度改革目标尚未实现的阶段，保证部分公共资源的均等化分配。

实施核心城市户籍制度改革有利于吸引人口流入，提高城市人口密度，实现核心城市人口集聚与产业集聚的相互匹配和相互促进，从而推动产业专业化集聚水平的提升，促进辽中南城市群经济持续发展。

（二）提高人才引进福利待遇标准

实现核心城市人口集聚包含两方面含义：一方面是增加人口向核心城市的流入，人口集聚过程中人口数量增加会产生消费的规模经济，吸引企业进入，投资增加又会进一步促进就业提升，提高人口迁移吸力，形成良性循环；另一方面是要重点吸引高层次人才的迁入，高层次人才有利于促进核心城市技术创新能力提升，提高劳动生产率，人口集聚过程中劳动人口质量提升不仅能够从消费角度促进投资，也能够在生产角度，促进产业发展。

提高人才引进待遇标准可以有效吸引高层次人才流入，这也是现阶段各地区吸引人才的主要手段。提高人才引进待遇标准可以从以下几个方面实施：第一，提高劳动报酬标准，按照人才等级设定合理的劳动报酬标准，提高收入水平；第二，解决高层次人才的子女教育等问题，妥善安排高层次人才的子女转入当地学校，保证受教育质量；第三，达到一定标准的引进人才可以解决配偶就业等问题，给予住房保障。

（三）积极落实全面二孩政策

积极落实全面二孩政策，提高新生儿数量是提高核心城市人口密度的有效方式之一。积极落实全面二孩政策对城市人口数量增加有直接影响和间接影响：直接影响体现为新增人口数量增加，直接推动城市人口数量增加；间接影响包括：第一，新生儿会促进隔代照护数量增加，有可能会提高隔代人口的迁入概率；第二，落实全面二孩政策会促进儿童照护及相关产业发展，增强就业吸引能力，促进劳动人口流入。

积极落实全面二孩政策，首先要提高公共卫生部门服务能力，简化行政手续，提高社区计生服务能力，其次要大力发展儿童照护及产品等相关产业，满足新生儿的护理及照顾需求，最后要长远规划学校、医院等公共服务部门的数量，为未来儿童人口数量增加做好准备。

三、创新驱动城市群主导产业发展

主导产业发展会促进辽中南城市群产业专业化集聚水平提升，作为传统东北老工业基地，辽中南城市群主导产业仍以制造业为核心。现阶段辽中南城市群主导产业发展水平持续下降，低于主导产业发展对产业专业化集聚影响的第一个门槛值，提高主导产业发展水平有利于快速推进产业专业化集聚水平提升。

（一）促进重点领域创新发展

提高主导产业发展水平需要以重点领域的创新驱动为引领。现阶段，中共辽宁省委关于制定辽宁省国民经济和社会发展第十四个五年规划和 2035 年远景目标的建设，确立了升级"老字号"、开发"原字号"、壮大"新字号"，建设数字辽宁的发展方向。利用国家和辽宁省宏观发展战略，结合辽中南城市群传统制造业资源禀赋优势，通过创新驱动发展，可以有效促进主导产业发展。

促进重点领域创新发展具体包括：第一，促进发展智能制造，通过企业、科研院所和高校等联合创新，加强 R&D 研发投入，攻克重点领域关键技术和设备，建立智能制造的发展新模式，改造升级传统制造业，将辽中南城市群资源禀赋和新型发展模式相结合，增强主导产业发展活力；第二，对传统行业进行改造升级，发展绿色制造，利用现代技术提高资源循环利用效率；第三，制造业发展方向调整，由传统生产型制造业向服务型制造业转移，延伸产业链条，提高产业增加值，促进辽中南城市群制造业持续发展。

（二）切实改善营商环境

改善营商环境是促进主导产业发展的重要方式，营商环境改善会促进企业投资，促进产业发展。

第一，提高政府治理水平。充分发挥政府的管理和服务职能，简化企业投资和运营的行政手续，构建合理的政府治理体系，逐步实现"大市场、小政府"的市场化改革目标。

第二，增加基础设施投入。基础设施投入增加可以为产业集聚提供基础条件，同质企业之间可以共享基础设施，从而降低企业运营成本，政府加强对基础设施投入，可以发挥降低企业成本和提高企业收益的功能，既为企业投资提供良好的环境，促进产业投资增加，提高产业专业化集聚水平提升。

第三，有效降低企业成本。如企业养老保险缴费是成本的重要组成部分，按照国家关于养老保险降费的政策，需要逐步降低企业养老保险缴费率。降低企业养老保险缴费率面临着基金收支平衡的制约，在现行缴费率比较高的情况下，辽中南城市群面临着城镇职工养老保险基金收支缺口，如果降低缴费率可能会加大收支缺口。这一方面要求政府要对可能出现的收支缺口进行财政补贴，同时也可以通过提高养老保险覆盖率和遵缴率等方式补偿有可能出现的收支缺口。

（三）有效推进信息技术与制造业融合发展

党的十九大提出"加快发展先进制造业，促进互联网、大数据、人工智能与实体经济深度融合"。加强信息技术与制造业融合发展是现代信息技术发展大背景下的必然趋势。

首先，要加强互联网基础设施建设，为互联网信息技术普及和发展提供有利条件；其次，要加强省级科技重大项目的研发，通过校企联合、企业和科研机构联合、政府主导牵头等方式，加强移动互联网、云计算等技术的研发和应用研究；最后，政府鼓励传统制造业转型升级和新型信息化制造业快速发展，为其提供政策支持和税收优惠政策等。

四、适度提高城市群劳动报酬分配

提高劳动报酬有利于促进城市群产业专业化集聚水平提升，而且在劳动报酬分配比例高于对产业多样化影响的第一个门槛值时，对产业多样化影响不显著。因此，提高劳动报酬分配比例有利于实现产业模式优化目标。目前，辽中南城市群劳动报酬分配比例虽然有所提高，但仍有继续提高的空间。

（一）建立合理的工资增长机制

合理的工资增长机制是提高劳动报酬分配水平的核心途径，也是改善民生福利的有效手段。

合理的工资增长机制应该包含两方面因素：一是经济发展速度，在经济快速增长的情况下，劳动力按劳动生产要素贡献分配报酬，分享经济发展成果，工资增长应与经济增长幅度相协调；二是劳动生产率提高，在微观层面，劳动报酬是由劳动生产率决定的，随着企业劳动生产率提高，应该逐步提高工资标准，按照劳动者绩效进行不同幅度的工资增长。政府应该保护劳动者工资收入增长的合法权益，确保劳动者能够享受到经济发展和劳动效率提升带来的报酬增加。

（二）完善最低工资标准动态调整机制

劳动报酬分配可以分为高梯度分配指标和低梯度分配指标。高梯度分配指标反映了劳动报酬与劳动贡献的匹配程度，体现多劳多得的基本原则，即劳动者的工资收入。低梯度指标反映了维持劳动者基本生活的收入水平，体现劳动公平原则，低梯度指标对应的是最低工资标准。合理提高最低工资标准，完善最低工资标准动态调整机制，也会有利于提高劳动报酬分配占 GDP 的比重，从而增强劳动者的积极性。

确定最低工资标准的动态调整机制的主要依据包括以下几项内容：居民恩格尔系数消费水平，即维持劳动者基本生存所必需的收入，随着居民恩格尔系数消费水平提高，也需要提高最低工资标准；最低生活保障线，最低工资标准要比最低生活保障线要高，防止出现"养懒汉"的问题；经济增长率，随着经济不断发展，劳动者有权利分享经济发展成果，经济增长越快，最低工资标准上调幅度应越大。根据最低工资标准动态调整机制的影响因素，可以设定按比例加权调整的完善机制，如最低工资标准增长率为恩格尔系数增长率30%、最低生活保障线增长率30%和经济增长率40%的加权和。

（三）完善劳动力市场

完善劳动力市场是提高劳动报酬分配比例的前提条件。完善劳动力市场可以包括以下几个方面：第一，建立统一的劳动力市场，打破城乡劳动力市场分割的居民，避免在相同劳动贡献情况下，农村转移劳动力的报酬分配水平低于城镇劳动力，实现同工同酬，同时要打破不同所有制之间的界限，促进劳动力合理流动，实现劳动力资源的有效配置；第二，建立劳动力市场的信息机制，为企业和劳动力搭建信息共享平台，企业能够有效获取劳动力信息，减少招聘成本，劳动力能够及时掌握招聘信息，实现快速就业；第三，规范劳动力市场管理，企业与劳动力签订劳动合同，依法保护劳动者的合法权益。

五、有效增强城市群产业发展关联程度

提高城市群内部产业发展的关联程度，促进城市群产业整体协调发展，有利于提高产业专业化集聚水平和合理控制产业多样化集聚。现阶段，辽中南城市群内部各地区产业发展关联程度尚未达到促进产业专业化集聚的第一个门槛值，需要进一步提高产业发展关联水平。

（一）产业一体化发展规划

区域间产业协同发展成为经济发展的重要一环，目前长三角地区已经开始打造产业协同发展示范区，提高长三角地区产业间发展的协同

性。辽中南城市群可以借鉴《长三角一体化发展三年行动计划》等发达地区政策经验，设定合理的产业一体化发展规划战略。

（二）打造城市群交通连接体系

城市群内部各地区之间交通便利性是影响产业发展关联的重要因素，需要逐渐完善辽中南城市群各地区交通连接的便利性。如打造沈抚同城交通，形成高铁和地铁等城市立体铁路交通和公路交通的无缝对接，建立沈抚同城高速公路费用减免等政策。同时，增强不同城市之间铁路运输能力，在增开高铁而提高人员运输能力的同时，提高货运能力。在城市内部打造城市立体交通，提高城市交通的流畅性、便利性和可选择性，提高城市内部交通运输效率，为产业集聚和经济发展提供便利条件。

第八章

促进辽中南城市群产业
聚集的对策建议

第一节　推进辽中南城市群区域产业分工与合作

一、实施区域产业分工与合作多样化模式

建设我国的辽中南城市群区域，就有必要对其产业进行分工，并且产业间必须要有合作。一来各部门要协作联动，依据各个地区的资源特点，以建设城市群为目的进行统一调配，达到完善交通设施、生产要素优化配置、区域间互通有无、资源整合的目的；二来要充分发挥市场在这一整合过程中的决定性、基础性作用，同时，还要提高政府相关部门的宏观管理能力，促进地区间的跨产业合作，对于那些龙头企业或者有优势的企业，可以在其周边建设配套服务的企业，形成产业园区，并给予技术及资金支持，形成具有特色的产业集群。在辽中南城市群可以考虑建设四种模式的产业分工。

（1）产业研发合作。这种合作模式的主体是企业。企业要升级产业技术，那么企业的内部就必须具备自主创新的能力，如果能力不足就

需要企业间互相合作来研发。这类模式主要适用于那些在辽中南城市群中以装备制造为主要产业的企业。它们之间的合作可以由政府的相关部门来协调，让该产业技术的核心或者优秀企业牵头，建立企业研发中心，互动合作，对于升级技术过程中的关键节点集中攻克。

（2）中央或地区产业合作。这种模式主要是共建产业园区。在辽中南城市群，国企或者央企的领军的作用很重要，为此可以考虑让这类企业为龙头，下游企业为服务的产业园区模式，当然这份工作还需要得到中央或者地方政府的扶持和推动，以此种方式来延长产业链条，优化城市群的产业结构。

（3）生产基地与研发中心合作。在辽中南城市群中，大连和沈阳的研发能力较强，而其他城市也各有特色与优势。那么就以这两个城市为核心作为研发中心，在各具特色的节点城市建立特色产业，建设出具有优势的产业集群，让研发中心与特色产业相互促进，带动周边城市的产业发展，推进整个辽中南城市群的产业发展，提升整体的竞争力。

（4）战略联盟合作。这类模式指的是两个或者两个以上的企业，在发展战略、研发战略、市场战略等方面进行的合作，在合作中，它们进行资源的互通、产业链的延伸等。不过这类模式不适用于大型企业，仅适用于中小型企业中行业竞争力较强的企业。

二、扩大核心城市经济集聚辐射能力

不可否认，协调发展一体化的区域经济，对于辽中南城市群的产业结构以及产业群的建设、产业链的延伸都是有帮助的。辽中南城市群各产业之间的联系不够紧密，像大连、沈阳这样的核心城市的产业发展都不均衡，尤其是第三产业的发展比较落后，某些外向型的企业的市场影响力较弱，特别是沈阳，它对周边城市的产业辐射的影响并不明显，出现驱动力严重不足的情况。因此，强化这两个核心城市的集聚力是至关重要的。只有强化这两大核心产业城市的发展，完善核心城市与周边城市的交通体系，协调好它与周边城市的产业合作，强化双向的城市资源流动，与网络资源流动，促进产业的大融合，才能提高核心城市的产业竞争力，进而提高核心城市的产业凝聚力，发挥出它的产业辐射效应，从而带动整个辽中南城市群其他节点城市以及周边城市的产业竞争力。强化大连、沈阳这两大中心城市的集聚力，合理布局辽中南城市群的产业分工合作与协调发展，还要依据整体的规划，有重点的建设，主要应该从以下七个方面入手，发展特色集群：

（1）以大连为中心，以制造先进交通设备为特色的产业集群。

（2）以沈阳为中心，以制造机械与汽车装备为特色的产业集群。

（3）以沈阳为中心，以制造高分子与复合新材料等为特色的产业集群，涵盖鞍山、抚顺、本溪、丹东等生产基地。

（4）以沈阳、大连为中心，以制造高端数控机床、软件信息服务、智能软件等高新技术产业为特色的产业集群。

（5）以鞍山、本溪为中心，以研发及生产高端的特种金属为特色产业集群，涵盖企业包括鞍钢、本钢、东北特钢等。

（6）以本溪、盘锦、沈阳为中心，以制造创新型的生物医药为特色的国际型产业集群。

（7）以大连为中心，以新能源和精细化工为特色的产业集群，涵盖盘锦、营口、抚顺、鞍山等生产基地。

对于辽中南城市群的发展，这七大极具特色的产业集群将发挥极大的促进作用，能够极大地增强核心城市与节点城市的产业合作。另外，在产业集聚效应的影响下，会促进传统产业的升级改造，这将对产业演化带来帮助，反过来又会促进各个产业集群的形成。

三、构建区域一体化分工合作体系

（1）新型的产业分工的建立，必须要建立在产业分工体系的基础之上。而该体系则是建立在产业网络的基础之上的，工序、技术以及生产等步骤都需要集中投入，这样才能整合优化提升整体创新力。同时，还要借助跨区域的产业网络，这样才可能帮助中小企业依附在核心企业周围，提升它们的竞争力，也就是提升了整个产业群的竞争力。而新型的产业分工的建立格局，就应当是以"中心—外围"的形式发展，是以优势产业为核心、以节点城市为支撑的战略发展。

（2）新型的产业分工格局的建立，必须要彻底地消灭行政垄断以及地区分割的现象，以市场调节为主力，允许各类经济要素有序合理地发挥作用，这样才能形成一个健康的格局。

（3）在规划区域产业的时候，有必要先将产业分工体系的发展方向、空间布局以及产业结构都明确下来，在空间上和产业上进行双重把关调控；根据辽中南地区、辽南地区以及各地不同的发展情况和发展特点的差异性，比如碳排放、土地利用、能源消耗、技术含量等方面的差异，制定出不同的市场准入标准。

（4）严格按照产业分工体系的原则，要实现各地区的产业互补、产品交错的发展局面。在产业功能方面，大城市或者核心城市要将其定位在品牌、创新、营销、研发等方面，而小城市或者周边城市则应该定位在配套、仓储、制造、零售等方面，让地域间形成分工合作的模式。

（5）进一步完善各类机制和引导政策，建立规范的融资平台，招商引资，促进产业链的延长，促进核心产业的发展，促进产业集群的形成与壮大，精选龙头产业、知名品牌和特色产品，壮大其国际竞争力。在已形成的产业集群内，让各企业的资金、技术、品牌、资源、信息、人才等互相补充，可以大规模地提升经济收益，实现高效的网络化发展。另外，还要在各企业之间建立协调机制、合理分工、企业集聚、比较优势等，从而实现技术上的合作，贸易上的合作。

（6）当地政府相关部门应当在资源、技术、产业、分工等方面给予适当的激励或者供给，这样可以激励中小企业在灵活的市场经济中通过分工合作表现出足够的稳定性；也可以帮助一些跨地区的企业集团适当调整，比如合并、收购、兼并等，将外部交易变为内部交易。

第二节　构建城市群区域产业要素集聚模式

经过产业的调整，使产业机构得到了升级优化，也让各个产业能够健康协调的发展，对于社会不断增长的需求能够做出及时的应对。通过技术的革新提升，不断推进整个产业结构、产业效率的大幅提升，通过政府相关部门的宏观调控，使产业结构更加合理化，这一过程是符合产业机构的演化规律的。

辽中南城市群的产业结构经过改革出现了失衡的情况，甚至这里的产业供给结构和整个市场的需求结构是不挂钩的，对于这个问题，就有必要对产业供给结构进行改革优化。在市场的导向下，以特色的龙头企业为依托，在低碳减排、绿色环保的发展前提下，对产业供给进行优化，尝试用新供给模式引领市场的新需求，从而找到新的经济增长点。供给端的产业优化，可以缓解辽中南城市群钢铁、煤炭等产业产能过剩的情况。改造落后技术，提高产业生产效率，促进产业发展水平，在供给能力上就能做到有效供给，而不会过剩。另外，应进行产业整合，节约资金、人力、技术等生产成本，整合资源，全力优化龙头企业和新兴产业，加速产业结构的升级优化。

一、构建产业结构发展模式

（一）发展三大产业的调整性对策

对于第一产业，要在产业布局上下功夫，尤其是对绿色农业、生态农业、智慧农业、现代农业等产业给予积极支持，加大力度推进第一产业的技术创新，打造高科技的产业基地，推动农业网络信息传播，延长产业链，力求第一产业的技术升级，向着生态农业和现代农业的方向发展。

对于第二产业，第一，最需要做的就是促进机械电子产业的技术升级，带动产业发展。尤其是在智能制造、新能源等方面下功夫，还要积极融合物联网、互联网等信息技术平台，打造高端的产业基地。对于龙头企业要支持技术攻关，还要鼓励一些小型配套企业在其周边建厂，形成高端的产业集群，合作共赢。第二，对于本地的传统型企业，尤其是冶金产业和石化产业，必须要升级技术，鼓励并支持该类型企业在新材料、新能源、智能制造等方面研发升级。同时，这种类型的企业还应该向着低碳减排的方向升级改造，减少对环境的污染。第三，辽中南城市群的第二产业还保留着传统的轻工业，那么对这一类型的产业，它应当向着品牌升级的方向发展，优先发展具有市场优势的、顺应市场需求的轻工业，技术革新，研发新品，树立品牌，提升市场竞争力。这类型的产品主要包括银饰、电子信息产品、食品等，立足本地，顺应潮流，提升技术，在满足本地需求的同时提高档次。

对于第三产业，第一，要充分发挥该产业的服务功能，促进合理分工，并使之与第一大产业、第二大产业合理融合，继而推动第三产业的产业升级；建设物流平台，打造可以提供一体化服务的物流中心；抓住互联网金融的发展优势，建设金融产业基地；政府相关部门出面重点扶持具有优势的工程技术研究项目；提升商务服务，打造高端的商贸服务聚集地；引进高精尖人才，促进信息技术的研发，提升装备制造业中信息技术的利用，建设高新技术产业园。第二，对于生活性的服务业也要大力支持，丰富该产业的活力，使该类型产业更加高端、精细。注重新兴体育的发展，包括体育影视、竞赛表演、体育传媒、体育周边等产业的促进发展；大力发展生态旅游，宣传旅游信息，形成特色的旅游集聚区；完善健全城市群的养老体系，建设全方位的养老设施，鼓励民营养老产业；在符合政策的基础上发展房地产，尤其是对二手房市场要大力支持，在不会出现住房过剩的前提之下发展经济，使该产业能够良性发展。

（二）将"有为政府"和"有效市场"相结合，优化产业结构的调整性策略

优化产业结构，使结构升级，这一目的有必要通过将"有为政府"

和"有效市场"相结合的方式来达成。所谓的"有效市场",指的是相关部门应当正确引导企业经营者,使其能够根据市场的需求分辨出产业的优势,从而在低成本的前提下促成产品市场竞争力的提升;所谓的"有为政府",强调的是政府的相关部门对经济发展的宏观作用,在宏观调控下,由相关部门来对产业的创新能力、产业的升级能力以及产业达成的经济和社会回报做出有效的甄别,进而能够帮助资源整合,使企业经营者所做的技术创新有最大的回报价值。关于如何甄别什么才是最大回报价值的产业,目前可以将这些产业分为以下几个大类。

第一类高回报价值的产业是领先型产业。在辽中南城市群,像制造高端数控设备、制造先进交通设备等产业都属于领先型产业,而这类产业也是该地区的主导产业,发展的势头比较好,且具有绝对的优势,相对来讲应当是重点扶持的产业。最重要的是相关企业的自主创新能力要有所提升,争取在国际市场中的地位。还要对相关企业的产业技术的研究、开发大力支持,对于这些企业的知识产权用政府采购或者专利的形式来给予保护,同时也要对这些企业研发的新产品在规模化生产上给予帮助,有必要的时候还需要政府相关部门拓宽门路走向海外,比如设立自贸区,并主动引导特色产业的龙头企业进入其中,并帮助该企业在海外设厂、人员培训、开拓渠道等。

第二类高回报价值的产业是追赶型产业。在辽中南城市群,这类型的企业指的是那些已经发展到了一定程度的企业,但是这类企业的技术含量低,劳动产出和资本产出的能力较差,产品的国际竞争力不足,大多为化工产业、冶炼等。像这种追赶型产业,最需要做的是加快产业内相关企业的相互融合,尤其是要发挥龙头产业的领头作用,支持它们去海外并购那些技术含量高的企业,融合后提升自己的技术水平和管理水平;同时,还要想办法降低企业的各项成本,尤其是交易成本,而这就需要通过改变营商环境和改善交通来实现。

第三类高回报价值的产业是退出型产业。在辽中南城市群,水泥、煤炭、钢铁等产业基本上都属于退出型产业,曾经,这些产业都是具有优势的产业,但是由于管理上的粗放、资本上的累计、技术上的不创新不升级等原因导致了这类产业的优势逐渐丧失，甚至出现了产能过剩的情况，已经不再适应当今的经济发展的趋势，因此需要退出。那么对于这一类型的产业，首先要做的就是对那些产能落后的僵尸企业及时关闭，将那些在本地发展受限的企业转移到外地或者海外发展，抓住"一带一路"的契机消化掉过剩的产能后，再帮助它们提升产品质量、拓宽市场渠道、打造经营品牌等，以此来适应市场经济的发展。另外，相关部门应当为企业相关人员提供培训教育，让已经倒闭企业的人员可以再次有工作的机会。

第四类高回报价值的产业是超车型产业。在辽中南城市群，像互联网、通信互联等产业都属于这类型产业，特点是人力资本投入大、产品研发周期短等。对于这类型的产业，最紧缺的就是人才，因此要设立"梦想小镇"这样的引才项目，同时还要加大风险资本的投入，在知识产权保护上多下功夫，鼓励该产业的相关人员的创业与技术创新。

第五类高回报价值的产业是国防安全型产业。在辽中南城市群，最典型的就是军用飞机制造业。这类型产业的特点为研发周期长、资金投入大等，但是这类产业又是不得不重点发展的产业，因此，政府采购或者政府拨款建设，就是对该类产业的最好支持。

二、构建产业组织发展模式

（一）大幅度削减行政审批深化垄断行业改革

一方面，打破制度性的强制垄断，逐步开放市场，解决当前存在的不合理的二元因素市场分划，推动生产要素的流通，让各类要素在激烈的市场化竞争中被合理分配与选用，逐渐往民营资本开放制度与自然垄断行业，比如矿物开挖、城镇基本设施建设业等，经过 PPP 等形式，科学引进民事资本，保证私营企业的合理收益权利，进一步加深混合所有制改革，加强产业活力，提高产业总体竞争实力。另一方面，行业架构的选择通过市场体系来实现，应该有效运用市场在资源分配过程中的决策性作用，同时将政府的行业制度作用从直接培养行业转变成行业的科学分布，进而搭建高效、平等、公开的市场竞争环境，政府的主要作用就是引领、资源调整控制与对从下到上回馈信息的选定与辨别，这便是经过政府加强市场，再通过市场汇聚企事业机构的交互模式，据此实现改善产业链的目标。经过全面的市场竞争与反映生产要素对应稀缺的市价功能，加强各行业的国际化竞争实力，进而完成产业架构的改善升级。

（二）发挥产业集聚辐射效应和规模效应

发挥地区对比优势，着重构建辽中南城市群七大特色产业群，按照区域经济一体化制度下的地区分工的规定，完成地区行业功能互补、商品交错发展，构建高新技术产业园，紧跟行业发展快速的龙头企业，引入专业化分工的配套制度，规整各种产业资源，发挥产业群的规模化作用。

（三）营造公平竞争的营商环境

打造有助于小中型公司发展运营的优良环境，构建完善小中型公司信贷保障体制，缓和小中型公司集资困难，增大对小中型公司的财税帮扶力度，加速小中型公司技术改革与架构调节，重点增强财政制度和金融、产业制度的协调搭配，转换扶持形式，重点推动特色项目、生产要素的追加与聚集，经过政府引领、各界参与公司发展的协同努力，推动产业群与集群内部公司的良好稳定发展，为地区经济、行业发展与改善升级供应强力保障。各行业发展专项基金经过股份投资形式等优先帮扶集群内重要技术升级、科学研究、海外市场开发等项目建设发展的投资规模，经过各种金融企业的交流与配合，展开多层级、多模式、多范畴的银行与政府及企业的对接协作，增大特色产业的信用贷款规模，以达到集群进步拓展对资金量的要求。另外，还应该突破政策行政壁垒，推动小中型公司在市场区域内的产业协作，进而快速发展地区内的特色产业。

（四）强化产权约束

构建现代化公司管理体系，建立标准的公司产权规范。实行分类改进手段；健全国家资本运营管理体系，提高国有资本运作效率；健全产权交易场运作制度，提高产权在市场中的运作能效；健全竞争性国企的管理架构，提高市场运作效率；健全垄断性国企的运营管理制度，提高其在市场中的运作效率；完善现有资源资本体系与功能管理制度，包含确定自然资源的政府与企事业所有权，及这类资本的持有、应用、盈利、租售、转卖等权限，对重要的产业资源，要完善其加工、运营与空间运用的功能管理体系。

三、构建产业技术发展模式

（一）完善产业技术调整体系

以自主创新为中心，以推动行业技术改革，推动新型行业、高端技术行业发展为重点，以行业技术人才培育为基础，制定有地区动态化对比优势的技术发展策略；依托创新推动，制定适用于行业改进升级的技术策略，增强行业技术制度总体设计与调整配合，推进固有产业技术体系往创新改革层面的转换，建立有助于创新推动发展的行业技术制度标准，转换行业的粗犷式发展方式。增强技术标准化制度构建，不断增强技术创新研发，积极制定并有效调整产业技术准则，健全技术创新和制度政策相互结合的发展体系，增强应用先进技术规范的发展步伐，发挥公司在准则制度制定过程中的核心作用，提高公司连续创新的实力。

（二）注重产业技术升级发展的顶层设计

可用作转型升级的资源有限，因此产业技术改革应该有所倾向，按照产业资源的特点，规划产业发展方式，重视行业技术转型创新的尖端设计，发挥行业之间的对比优势。

（三）建立促进企业技术改造和自主创新的长效机制推动产业融合发展

以智能加工、绿色生产为主要发展方向，以高端技术设备为支柱，以网络电子技术全方位运用为手段，确认核心行业技术改革指南，推进技术改革立法与投融资等配套制度的确立，构建适用于公司技术改革与推动自主研发的长效体制，改进引入技术生产与二次创新的关联制度，降低盲目引入与过度引入；经过健全新型行业培养、技术规范体制构建、技术升级等方面的关联制度，走向"引入消化学习—自主研发—积极参与国际竞争"的可持续发展道路；构建以公司为导向的行业技术改革体制，减弱公司创新市场风险，加强公司自主创新的实力，激励公司和高校与科研部门协作创新，加快技术转型和产业集群规模发展，推进技术创新成果产业化，提升创新成果转换为实际生产力的效率。

（四）转变政府职能，推动政府向公共服务型转变

降低政府对行业发展的直接干涉，为行业发展打造优良的市场环境，主动引领企业家依照元素的对比优势选定相关技术，培养"有效市场"，并经过市场效应与有效的政策体制，引领与保障行业技术改革创新实力的不断提升。

（五）加强传统产业的技术改造政策实施力度

以"提升生产率"当作技术改革制度制定的核心导向，构建支持推动公司技术改革的长效体系，增大技术改进制度的执行力度，从而有效调节行业架构，去除无效的产能，改进生态环境品质，推动经济的快速发展。

（六）加快制定"互联网＋"产业技术政策

明确"先发展、后管理、在发展中逐渐完善"的准则，加速制定推动"互联网＋"行业技术制度，激励网络经济改革。构建帮扶小微

公司发展的行业技术制度，加大力度培养互联网服务机构，进一步开拓技术升级空间、网络消费空间、提效增质空间、智慧驱动空间。

第三节　优化城市群产业发展空间布局

一、调整城市群空间结构

不断健全一体化配套设施和行业分工协作的空间分布，要按照辽中南城市群设计规划，以沈阳都市区为中心，完善沈抚大都市区、营口都市区空间架构体系。着重构建中心城市沈阳、门户都市营口与灯塔市、新民市与铁岭新城区。沈抚本铁大都市区推进沈抚同城化、沈铁一体化发展步伐，构成辽中南城市群的密切联系；鞍辽城区推动辽阳和鞍山的行业合作与区域对接，构建国家重点钢材生产基地；营口城市区主动推动辽宁沿海产业与营口港的发展，逐渐把鲅鱼圈区搭建成城市区核心，将营口创建成辽中南城市群的海上货运重要基地，以及联络辽中南都市群行业拓展与转换的重要桥梁。

二、加强新型一体化区域产业分工合作的空间调整与协调

加快辽中南城市群产业分工协作需要增强对应的分工协作体制与保证体系的构建，包含指导部门、协调部门、实施部门在内的强力推动部门，在政府商定与市场中间机构不同层次逐渐构成政策性的地区协作机制。应用协调与保障体系推动完成区域一体化进程的长效企划，从整体上调节、改进地区产业架构与空间分布。增强现代化产业地区分工协作和协调，统筹地区发展全局，规整地区各种有效资源，从整个城市发展角度确定城市群行业发展走向，让各个城市选定对应的发展方式以更好地发挥区域的对比优势，消除地区要素流通阻碍，减小资源的损失浪

费，改进地区的福利水平，推动地区经济的长效发展。构建多元化的跨地区联系平台，建立有效的合作机制，着重建造地区性的产业链，推进地区之间的经济交流与协作。推动各地区交通设施的统筹规划和管理；降低由行政干涉导致的设施低效分配和错误分配；推动经济活动跨区域开展。

三、加强区域共同市场建设

新式一体化区域行业分工明确，另外要增强地区共同市场的构建，后者需要突破地区贸易阻碍与部分制度特权，让各类生产要素都可以充分流通，使公司重构、行业结构转型获得良好的市场条件。长久以来，依靠行政规划与地区分权增强的孤岛式贸易体系，阻碍了市场的良性发展，市场依托制度维护与过度竞争，造成经济效益下降。增强地区共同市场的构建，辽中南城市群各政府机构须在市场准则与产业制度引领下，大力培养集中的地区性要素（尤其是技术、资产）与产品市场，完善市场环境秩序，使市场机制全面发挥其推动经济增长的核心效用。

四、统筹空间规划和加强公共基础设施建设

全面发挥地区产业一体化的效用，需要构建和健全连接各地区的网络系统（包含软硬件设施）。各个地区范围内的基本设施组成一个整体，才可以令规模化经济在更广阔的区域内发挥其效用，提高整个区域的经济收益。辽中南城市群应该以社会基本设施为骨干系统，加速整个区域交通网、数据网、商品运输网、经济网络等层面的统筹建设。据此，在空间布局上，打破地区的概念构架，引进区域网络化系统与都市网络化管理的基本设施构建思想，让规划布局与地区经济发展提升的目标保持一致。具体执行上，应该经过地区行业一体化协作体系达到行业空间布局与基本设施构建的统筹发展。

第四节 实施国际化战略，融入区域经济一体化发展

一、加快区域经济一体化发展

2011年以来，辽中南城市群对外开放进一步加深，取得了很大的成果，尤其是"走出去"了一大批企业，这些企业以大型国企为主导，包括沈阳机床并购国际机床巨头德国希斯公司、沈阳冰川冷冻机有限公司并购德国 GWP 公司等，部分民营公司比如辽宁忠旺企业、丹东曙光企业等也陆续在海外投资建业。但是辽中南城市群的对外开放程度还需要进一步提升，辽中南城市群尽管外贸增长明显，但在国内的地位仍需要提高，特别是高端技术商品外贸总额过低；外贸市场架构单一，重点以东南亚市场为核心，对欧洲与美国地区的贸易量较小，对东北亚地区经济贸易协作也需要不断增强；而引入外资与海外投资也显著滞后于内陆比较发达的区域。辽中南城市群地区经济增长形势应该重点发展下面两个方面的地区经济一体化。

东北亚区域包含中国、日本、韩国、俄罗斯、朝鲜、蒙古国6个国家，是世界发展潜力最大的区域之一，地缘区域的相隔优势、经济增长的优势互补，决定了东北亚各个国家间的多层次协作潜力更大。另外，增强日、中、韩三个国家的全面经济协作，构建经济自贸区，将变成推动全球经济发展的重要动力；而地区外贸协定是现代化经济体参与经济全球化的最关键的动力：一是地区贸易协定减弱了参加国间的外贸投资壁垒，变成经济危机产生后外贸增长的内在动力；二是地区贸易协定极大地推动了参加国间的市场体制与市场准则的对接；三是参与地区贸易协定是现代经济体进到地区价值链与加深地区行业分工最有效的方式。

辽中南城市群处在东北亚的中心区域，区域地理位置比较优越，以

其为核心的北亚国家核心经济带参与地区经济一体化与融进经济全球化成为发展的必然，并且也会在东北振兴策略中发挥非常关键的效用。

二、深入推进辽宁自由贸易试验区发展

2016 年 8 月，中央政府决定在辽宁等 7 个省份设置自贸区。2017 年 5 月，辽宁自由贸易区正式建立运营，其整个规划面积是 118.89 平方千米，包含以浑南地区为中心的沈阳片区、以大小窑湾作为中心的大连与营口地区 3 个片区。3 个片区的作用各有偏向。

沈阳地区着重进行设备生产、车辆与元件、航空设备等高端制造业与科技等当代服务行业，构建现代化工业城、东北片区技术改造中心与拥有国际竞争实力的尖端设备基地；大连地区着重开展航运货流、金融贸易、尖端设备生产、可持续经济、航空运输等行业，推进东北亚国际航空运输基地、货流中心构建，构成面向东北亚地区开放协作的战略布局；营口地区着重开展商业货运、跨区电子商务、金融等当代服务行业与新型技术、尖端设备生产等高新产业，推动片区货运中心与尖端设备生产、高端技术基地发展，是建立国际化海运与铁路联合运输的重要桥梁。

辽中南城市群的区块产业架构改造升级，应该以自由贸易区为中心，健全有助于推进行业集群快速发展成长的体系，激励智能化设备、航天制造、商业货流、行业金融等生产要素往自由贸易区聚集；激励发展系统集成、装备租售、供应处理办法、测试检验、远程服务等各种服务，推动专业技术创新改造、产品设计等载体构建；推进教育全面化、培育高端技术人才，健全人才集聚与培养体制；健全海关检查与质检一体化改造，逐渐完成信息更换、监督配合；规整东北区域旅游发展资源，开发具有区域特点的商品。

依托辽宁自由贸易区的建立和发展，以供应侧架构性改造为手段，主动加入东北亚区域产能协作，构建全球化的区块优势产业链，推动产业架构往集成化、科学化的方向迈进。健全有助于推进行业集群发展的体系，激励智能化设备、海域运输设备、航天制造、车辆生产、互联

网、生物制药与尖端仪器装备、商务贸易与现代化货流、海水运用等行业往自由贸易实验区聚集；加速工业化和互联网深度联合，培养发展工业网络、云计算等现代化电子技术行业，建立尖端设备制造业、新型产业与一体化服务业联合发展的新局面；运用地区政府投资建立的行业引领基金，加快新型特色行业组群式发展。激励自由贸易实验区内公司经过跨地区并购重组来推进行业整合；加速中德尖端设备生产基地、大连生态工业示范区和自由贸易实验区联合发展，搭建世界产投贸易协作平台；激励自由贸易实验区内公司展开系统集成、装备租售、供应处理方案、检查测试、远程服务等各种业务服务；推动技术改造、设备研制等集合创新载体与产品研制基地、科学研究试验室、公司技术开发室；构建技术成果推行、技术管理指导等合作服务平台。支持建立满足要求的外贸产品销售平台与生产外贸采办、分拨基地；激励金融企业、设备生产公司在自由贸易实验区内建立租售部门或者提供租售服务的子公司，着重发展航空、船务、海运、铁路交运、农品机器、尖端医疗装备等集资租售服务。

紧跟国家战略发展目标，主动探索自贸区的改建新思维。重点围绕创新制度体系、推动架构调整、改进公司运营环境、进一步加深对外开放等层面，从学习经验、立足战略目标等层面，给出自贸区搭建的新思路与改造手段，把辽宁自贸区构建成带领东北经济快速增长的新起点，对接中国和韩国自由贸易区的桥梁、带领地区经济协调发展的关键枢纽，变成提高东北工业基地核心竞争能力的新动力。

三、扩大区域对外开放程度，走国际化发展道路

经济全球化是目前全球经济增长的两个重要趋势。对外开放程度低始终是东北经济增长的短板。因此，辽中南城市群发展需要实行对外开放的市场策略，推动和东北亚经济协作的策略改进。城市群要全面发挥其优越的地理位置，经过对外开放的推动，不断提升和东北亚各个国家的经济贸易协作。全面发挥大连在北部区域外贸的联通作用，提升开放

程度，建立起新的外贸形象；加速图们江区域的对外开放；全面发挥绥芬河、阿尔山、丹东等边界城市的外贸优势，构建东北区域全面开放的新局势。辽中南城市群增大对外开放和协作力度，改善市场环境，提升引入外界资本的整体品质。激励本地区公司"走出去"参加跨地区兼并，推动先进生产、智能创造等方面展开对外协作工作的试点。响应"一带一路"发展方针，着重推动先进设备的生产协作，参与东北振兴行业协作空间策略的中南北线金融地带的发展建设，加速建立与健全对外贸易发展体系与风险防控制度。

第五节　实施区域产业要素的供给侧改革

辽中南城市群生产要素的科学流通与改善配置应该经过供应侧架构性改革促进，有效运用市场资源分配的功能，使社会资产与国有资产都能够自由流通、改进资源分配方式，转变国有与私营经济的分裂局势，不断推进人才市场的快速发展，将行业资源配置到亟须发展的产业中，转变行业资源错误分配，令经济架构满足产业要素发展的需求，推动行业结构不断创新升级。城市群地区生产要素的供应侧战略包含资本市场的供应侧升级战略、土地市场的供应侧升级战略。

一、发挥资本市场的产业集聚效应

（一）促进民营资本的固定资产投资

辽中南城市群工业化公司固有资本投资重点是国有资本，民营资本在资本投资过程中所占比重比较小，而且还在不断下降，亟须地区政府颁布有关的制度以推动民营资本的发展。首先要提高民营资本的筹资途径，引领商行将信贷转向民营企业的实体投资特别是对工业设备投资；其次是激励城市群地区市场不断的统一，突破地区市场壁垒，减少交运税收等货运成本；再次要减轻对公司资本架构的行政制约，减低一些垄断市场的准入条件，有效应用市场在资源分配中的主导性功能，推动民营资本步入基本设施建设、矿物开挖等国企的主导行业，提高产业总体竞争力，同时加速推动混合所有制不断改革；最后还需要进行产权维护的体制改造，以保证民营企业的合法效益。

（二）资本市场供给侧改革促进产业结构优化升级

对创新型公司实施防护性与超前的集资制度，政府不单要对创新公司增设财政贴补或者设置承保资金，还要减少创新公司进到资本市场集资的门槛，真正完成创新公司集资成本的下降；为战略新型行业、当代服务行业的集资供应制度扶持，增大产业过剩产业的集资成本，引领银行把信贷转向新的行业；激励公司积极主动去创新。

（三）增加实业的资金供给

科学引领资金流入实业，加强对实业的经济扶持力度；健全市场集资体制，构建全方面、多层级的集资体系，减弱经济风险；创新经济管理形式，减少资金成本，运用市场化形式扶持民企、小中型公司集资成本下降，推行当代农产业"企业＋融投资企业＋政府＋乡民"四位一体的集资渠道，推动农业往规模化、科学化层面迈进；规整金融企业与承保、评价、审核、保险等中间机构的运营性业务收费，有效下降收费标准；加速地区经济市场的发展；扶持公司股份改革并上市。

（四）解决民营企业融资难题，创新金融发展环境

首先要重点处理商行对民企的"惜贷"问题，安排专项基金构建小中型公司信誉担保资金，供应小中型公司建立所需要的集资承保与利息补贴。其次还要拓展民企的集资渠道，构建多类组织方式、多类资源来路、多层架构的承保体系，支持公司互相担保、多途径筹资，构建小中型公司风险承保资金。

（五）深化金融领域开放创新

以辽宁自由贸易实验区改造发展为契机，推动地区经济领域不断开放。健全国际产能协作的金融体制，为和东北亚各个国家的产能与设备生产协作提供资金支持，建设带领东北区域的法制化、市场化的贸易环境；推动实行资本活动能对换、经济市场自由开放等一连串的改革手段；优化外汇收取与支出手续，推动内部集资租售公司试点与开展以设备生产行业、海运、科技为核心的多层级资本市场体制与行业金融服务体制。

推进跨国资金业务活动升级发展。探索构建和自由贸易实验区相互适用的外币与本币账户管理体制，推动跨国贸易、融投资结算便捷化；准许自由贸易实验区内公司的海外子公司依照相关要求在国内发起人民币债券；准许外资股份投资管理公司在自由贸易实验区发行管控人民币股份与创投资金，准许自由贸易实验区内租售企业在海外设立人民币账户用作跨国本币的租售活动；增大本币跨国应用，自由贸易实验区内银行可以按照相关要求发起海外工程贷款。展开跨境公司双向国币基金池业务服务。

加强经济服务功能。不断推动内部集资租售公司试点，注册在自由贸易实验区内的内部集资租售试点公司由自由贸易区所处省级管理机构与同级税务机构审查核定；增强事中与事后的监督管理，探索构建集资租售公司建立备案体制、违规的惩处制度、失信与运营亏损公司公示政策、属地监督管理机构对公司定期抽检制度。扶持自由贸易区内满足互认要求的资金产品参加内陆和港澳资金商品互认。取缔对自由贸易实验区内保险企业高级管理者职业资格的审核，由自由贸易区所处监管部门实行备案管理。逐渐准许海外公司参加产品期权交易。联合自由贸易区行业基础与发展趋势，紧随新兴工业发展方向与行业创新升级的需要，打造全方位金融服务。不断提高金融服务经济实力，逐渐健全适用于东北老工业区快速崛起的新式金融服务体制。

二、发挥土地市场的产业集聚效应

近几年时间，房地产行业在辽中南地区呈现不景气的现象，多地的房价增长表现疲软。纵观全国房价，一二三线城市都表现良好，呈整体上升的趋势，但沈阳却背道而驰，房地产市场量价齐跌，甚至影响了房地产上下游产业如建筑业的发展。造成房价下跌的综合因素较多，然而根据本书研究，主要影响辽中南地区房地产行业发展的有三个因素：一是不合理的土地供给结构；二是在商业地产方面出现供需不平衡的脱节现象；三是存在规模较大的住宅地产库存。本书从土地供给侧改革的角度提出四个方面的意见建议：

（一）优化土地供应结构满足土地供给多元需求

按照我国土地供给侧改革的大政方针，秉持"创新、开放、绿色、共享、协调"的先进理念，从土地需求与供给两个方面建立相应的协调机制，以市场为主导进行资源配置，以创新为主要驱动力，统一城市和乡村的土地市场，对土地供应结构进行调整优化，提升土地供给的质效，优先满足新兴业态和新兴产业的用地需求，形成多元化的土地供给结构。

（二）清理闲置土地盘活存量土地

一是认真落实国家土地管理制度，以监察、核查等手段严查土地使用情况，对城乡一体化发展中的闲置土地进行清理处置，提升土地利用效率；二是以创新作为驱动力，在产业转型发展升级过程中，对城乡存量建设用地进行盘活开发；三是集约化利用土地资源，坚持节约用地，深挖建设用地潜力，促进工业用地容积率的显著提升，着力开发利用低效土地；四是建立土地收购、置换的退出机制，使低效土地加快退出市场，激励企业兼并重组及改革创新。

（三）合理控制地产供地规模打破"以需定供"的传统土地供应方式

从实际出发严格把控土地供应的计划，形成中长期土地供应动态规划，强化土地信息公开，提前预判引导，合理化土地供应体系及结构，促进土地总量平衡；在土地储备方面强化机制完善，立足土地供应的市场需求及城市建设的进度，有序调整土地入市节奏。对保障性住房、棚改房、普通商住房等优先提供建设用地，对房地产用地严格把控新增规模，从严审核商业用地出让。在商品房高库存地区，对住宅用地等建设用地进行严管；在商品房低库存地区，强化土地供应与区域发展的协调度，有序保障商品房去库存。

（四）优化配置资源提高土地利用效益

在土地资源配置方面综合协调，力争达到供给和需求之间的动态平衡，提升土地利用率。首先，严格管制土地用途，对土地利用规划进行调整，以"多规合一"统一土地布局，对土地开发转变方式，做到资源综合利用。其次，调整新常态土地供应结构机制，根据实际情况实行土地供应差别化，土地保障向新兴产业及绿色产业倾斜，适当给予价格优惠，满足产业结构转型升级需求；最后，在政策制定上因地制宜配置土地资源，尤其是企业用地，促进企业效益提升。

三、发挥人才市场的产业集聚效应

紧紧抓住人才的关键因素，作为区域产业发展的原动力，提升人力资源水平，推动产业技术创新。根据调研，近几年来由于辽中南地区出现人才流失的现象，笔者建议通过出台相应的政策，调整用人机制，引领供给侧改革创新，主要有以下几个方面：

一是建立高层次人才信息平台和人才管理机制，形成人才引进、培养、使用的科学化、系统化，对人才实施分类别管理和统一培养，出台五年规划，为人才提供公共服务，形成人才储备库，跟踪人才使用情况，形成人才诚信报告，激励人才竞争、创新、争先创优，并允许高级人才兼职和创业，打通人才培养和上升的空间，对企业博士后工作流动站予以扶持，着力填补紧缺型人才缺口，强化企事业单位与高等学校之间的人才培养，在企业试点优秀人才终身制，评选表彰一批先进人才。二是对关键领域人才进行重点培养。尤其是数控机床、智能制造、造船工业等重点行业和领域的人才供给力度，加强研发人才、工程类人才的引进培养，鼓励企业之间通过联合攻关的方式，集中优势人才重点突破技术难题。建立企业研发机构，奖励突出技术人才，激发企业人才创新活力，对科技带头人以协议工资的方式适当提高待遇，对专利技术转让实行股份奖励措施。三是提升民营企业家的精神文化层次，强化队伍建设，壮大职业经理人和创业群体。

第六节　发挥区域城市群集聚效应的制度保障

从根本原因上分析，出现产业供给侧结构性失衡是由于体制机制不完善。供给侧结构性改革在实施过程中，完善机制保障是基础。笔者建议应当从安全、档次、质量等方面衡量消费需求，建立长效机制，提升有效供给能力。重点从以下方面建立完善体制机制保障：促进科技创新，转变政府职能，调整国企改革，建立激励体制，促进区域市场网络化，以及协调国家和地方经济供给一体化。

一、科技创新的体制机制保障

当前处于新一波科技浪潮和产业升级换代的时代背景下，笔者认为在辽中南城市群在产业发展过程中，科技驱动和创新引领将起到关键作用，尤其是建立科技创新机制，完善制度保障，将有力促进区域产业升级。推动产业产品创新与科技创新的无缝对接，促进绿色环保、高科技的新兴体转型升级，带动一批智能制造、信息技术、生物技术、新能源汽车等新兴行业。在此基础上，完善社会第三产业的配套，如现代服务业。重点培育具有潜力的骨干企业，增强高档次、高科技、高市场占有率的产品生产，以品牌带动企业发展，以龙头企业带动区域发展；重点发展生产性和科技性的服务业，优化产业结构，保障新兴产业发展。紧跟国家自主创新示范区和高新区建设步伐，强化优化布局，以城市或区域创新中心为核心，形成创新共同体，以提升整体效能为目的完善区域创新体系，在科技体制改革方面持续深化，完善政府的创新服务和研发管理职能。

在辽中南地区产业发展过程中，力求补齐短板，用五年时间突破每万人口专利发明拥有量的瓶颈。以原创性、自主性、根本性创新为发展理念，建设具备关键技术创新和高端发展的平台，突出适应国家战略发展的重大科技项目，强化人才的聚合效应和科技项目的联合攻关，向世界级科技引擎企业和科研机构看齐，建设一流的大学，研发前沿的科技成果和核心技术。

完善激发创新投入的良性循环机制，提高 GDP 中研发经费的比例，催化科学研究成果向实践转化，建立转化平台和服务体系，强化科技成果应用及市场需求的对接。建立科技成果客观评价体系，通过中介服务，保障科技成果转化的顺利进行。统一辽中南城市群创新机制，形成分工有序、相互协作、密切配合的创新链条，提升科技资源利用的质效。

建立高层次人才信息平台和人才管理机制，形成人才引进、培养、使用的科学化、系统化，对人才实施分类别管理和统一培养，出台五年规划，为人才提供公共服务，形成人才储备库，跟踪人才使用情况，形成人才诚信报告，激励人才竞争、创新、争先创优，并允许高级人才兼职和创业，打通人才培养和上升的空间，对企业博士后工作流动站予以扶持，着力填补紧缺型人才缺口，强化企事业单位与高等学校之间的人才培养，在企业试点优秀人才终身制，评选表彰一批先进人才。

重点培养关键领域人才，尤其是数控机床、智能制造、造船工业等重点行业和领域的人才供给力度，加强研发人才、工程类人才的引进培养，鼓励企业之间通过联合攻关的方式，集中优势人才重点突破技术难题。建立企业研发机构，奖励突出技术人才，激发企业人才创新活力，对科技带头人以协议工资的方式适当提高待遇，对专利技术转让实行股份奖励措施。

二、落实地方政府职能转变的体制机制保障

转变政府职能，是落实供给侧改革的必由之路。辽中南城市群应当通过简政放权、深化商事改革、改革行政审批制度，打造适合企业发展的营商环境，在资源配置中引入市场调节的基础作用，发挥市场活力和良性竞争力。建设廉洁、法治、服务型的政府是转变政府职能的基础。一是建设法治型政府。认真落实依法治国的方针政策，完善地方法律法规体系，试行政府聘请法律顾问，通过衔接执法与司法机制，强化政府法治力量，深入推进依法治市的进程。二是建设廉洁型政府。通过行政监管、强化约束等措施，严打贪污腐败现象，健全责任追溯、事后惩罚等行政问责机制，加大信息披露、信息公开的力度，形成阳光、透明的政府预算体系。三是建设服务型政府。打造政、企、民三方交流平台，秉承服务的宗旨和理念，通过简政放权优化营商环境，给予企业宽松有序良性的外部发展环境，着力扶持"互联网＋"在政府领域的应用，赋予公民对公共制度的知情权、参与权和决策权。坚持"藏富于民"的原则，通过税费制度改革，以结构性减税降费减轻企业负担，压缩交易成本，均等化不同企业的实际税负，源头治理乱收费和重复征税等问题。适当调整"五险一金"的缴纳比例，改革行政收费和经营收费，在市场化过程中引入民营资本，发挥市场资源配置的核心作用，强化城市基础设施服务，降低燃气、水电和交通运输等成本，进一步压低企业生产成本。

三、国有企业改革调整的体制机制保障

优化升级区域产业结构，实现辽中南城市群振兴。东北区域振兴的

关键是国企，完善国企改革机制保障，做大、做强、做优国企是推动经济高速发展的必由之路。笔者建议通过申请"国有企业改革综合试验区"的政策支持，落实中共中央和国务院出台的《关于深化国有企业改革的指导意见》，立足于现代企业制度、"三去一降一补"、混合所有制改革，对现有国企改革机制进行补充完善，重点从以下四个方面着手：

（一）落实"三去一降一补"

加大落后产能的淘汰力度，特别炼油、煤炭等高污染和钢铁、造船等过剩产能行业，对僵尸企业予以关停或重整，禁止新增产能；对重负债企业，以防范杠杆风险为前提，通过债转股等市场化手段实现去杠杆；对发展新产业、实施新战略的国企，应着力降负减税，压缩制度成本和交易成本；对房地产国企鼓励其减低住宅存量；对具备区域优势的国企，应保护企业发展，扶持其创新驱动，强化创新研发，升级产品结构，以高附加值的产品形成企业新的利润增长点，培养造就一支创新型、科技型、实用型人才队伍。

（二）落实混合所有制改革

从制度改革入手，打破落后制度的约束和障碍，是推进国企改革的关键。对竞争力较差的垄断型国企，可以在准入门槛上适度降低，引入民营资本激发企业发展活力，弱化政府公权力的制约和干涉，消除行政性垄断的负面影响，出台公平的竞争审查机制和公共政策，强化生产力发展和综合竞争实力。国企混改的重点是非国有资本的参与，促进国企改制重组、国有控股上市公司增资扩股，有条件的试行混合所有制企业员工持股。

（三）提升国有资本配置效率

现代化的企业管理理念和制度，是保障企业高速发展的关键。国企应当逐步转变传统的层级式和人情化的管理模式，学习西方先进的企业管理理念，建立权责明确、产权明晰、政企分离的科学企业管理制度，促进国企管理精细化，坚持党的领导，国企文化红色化，在国企股份制改革过程中提升国有资本的配置比例，加强政府部门对市场的监控管，灵活优化国企供给结构。

（四）引入 PPP 模式推进国企改革

一是在政府的主导下，逐步剥离国企的辅业和社会职能，对冗余人员进行分流出清；二是在一定的特许经营期内，允许民营资本以 PPP 模式进入国企行业，逐步降低市场准入门槛；三是合法保障民营资本的各项权益，赋予民营资本在行政垄断行业的平等地位和权利。

四、激励体制机制保障

科学高效的激励制度能够激发市场主体的主观能动性和创造活力，为供给侧结构性改革提供人才支撑作用。保护和鼓励消费者、生产者及政府机构的三方主观积极性，是完善经济激励制度的落脚点，也是推动供给侧结构性改革的出发点。

一是在地方事权增加而财力却下降的情况下，要重新协调整合中央和地方的关系，建立激励地方政府的新机制；二是在市场缩小而成本增高的情况下，要采取减税降费、简政放权等措施，帮助企业降低成本、渡过难关，建立激励生产者的新机制；三是在消费需求升级而成本上升的情况下，要采取税收改革、增加供给等措施，防止大量挤占消费者剩余，建立激励消费者的新机制。

为实现世界经济合作战略，国家提出"一带一路"重要发展战略，在此历史契机下，辽中南城市群应通过全球资源配置和区域一体化分工，引入外部激励，结合东北振兴的发展实际，建设适应新形势和新常态的新激励机制，综合经济战略关联要素，以自身的高速发展带动东北产业升级，为东北经济发展提供重要支撑，为实现环渤海经济圈一体化奠定重要的基础作用。

五、加强区域市场供给侧结构性改革

由于存在现有的政策不统一和制度之间的扭曲，因此笔者建议从政策调整和制度建设出发，促进市场主体的主观能动性，保障区域市场网络供给侧结构性改革和经济的可持续发展。

（一）打破地方保护主义藩篱，强化各地政府协调合作

从协调区域发展出发，加快辽中南城市群发展步伐，通过简政放权、放管结合，打破区域壁垒，形成开放的、透明的自由市场；以现代经济管理理念引领金融服务自由化；完善服务人才和技术交流的区域化网络，促进人才自由就业和流动。开放统一化的市场体系，建立共享型的基础设施，统筹公共服务体系，共同治理生态环境，以政策支持和制度保障，推动辽中南城市群一体化综合发展。在此过程中，强化行政协调磋商，避免各自为主、互相矛盾的政策，对各区域政策进行整合，力争建立形成统一化的市场。在此基础上，对涉及外贸、土地、招商、人才、技术、信息等领域，可以通过联合出台相应的政策，逐步打破市场壁垒，合理化产业分工，打造无差异的区域发展环境，形成生产生活资料和商品自由流动的统一化市场，从根本上压缩商品和原材料在不同国家地区之间的套利空间，进一步平衡城市群之间的经济增长速度。秉持政府和企业分开，政府和资本分开的原则，对行政审批的有关项目进一步精简，客观考核政府官员的政绩，通过发挥市场自身的调节作用，弱化政府公权力对市场的不当干预。通过财政体制改革，对中央和地方的事权和财权进行合理划分。

（二）充分发挥各个城市本身的比较优势

在城市经济发展的过程当中，市场和产品的流动主要是因为各个市场的市场因素和空间分布不平均。所以资源通常都是从富有的地方流入贫穷的地方，形成了流动，这也使得各个地区会产生竞合关系。在这个

过程当中，如果仅仅依赖政策扶持和产业转移，没有充分调动市场规律，发挥市场规律的作用，过于强调行政手段，那么就会使得城市产业集群衰败，使得各个区域市场竞争恶化，形成一系列的市场恶性竞争。

（三）优化和改善城市的基础设施

俗话说要致富先修路，完善城市的交通运输网络能够让城市的发展得到充分的助力。辽中南城市群应该注重自身的基础设施发展，通过科学合理的规划来构建完善的交通体系网络，使得各个资源要素能够加快流通。资源流通和交互的速度越快，说明当地的经济活力越高，经济发展的潜力就越大。

要想使辽中南城市群区域经济结构不断完善，就需要打破地区的封锁，优化市场环境，提升区域的市场合作，打破垄断，整合市场资源，加快区域市场资源的流动和交互，使整个辽中南城市群的市场和商品形成一体化。

参 考 文 献

［1］安筱鹏，韩增林．城市区域协调发展的制度变迁与组织创新［M］.北京：经济科学出版社，2006.

［2］鲍振东．中国东北地区发展报告［M］.北京：社会科学文献出版社，2006.

［3］蔡宁，吴结兵．产业集群与区域经济发展［M］.北京：科学出版社，2007.

［4］蔡森．金融集聚的区域实践、模式构建与发展对策研究［J］.区域经济评论，2015（1）.

［5］曹现强．山东半岛城市群建设与地方公共管理创新——兼论区域经济一体化态势下地方合作机制建设［J］.中国行政管理，2005（3）.

［6］曹允春．临空产业的集聚模式研究［J］.区域经济评论，2013（3）.

［7］车前进，曹有挥、马晓冬，等．基于分形理论的徐州城市空间结构演变研究［J］.长江流域资源与环境，2010（8）.

［8］陈春林，刘继生、陈才，等．基于城乡统筹的长春市城市形态优化研究［J］.经济地理，2010（5）.

［9］陈继海．世界各国产业集聚模式比较研究［J］.经济纵横，2003（6）.

［10］陈佳贵，王钦．中国产业集群可持续发展与公共政策选择［J］.中国工业经济，2005（9）.

［11］陈家海．上海城市功能的进一步提升与重点发展产业的选择［J］.上海经济研究，2008（2）.

［12］陈剑峰，唐振鹏．国外产业集群研究综述［J］．外国经济与管理，2002（8）．

［13］陈金样．中国经济区：经济区空间演化机理及持续发展路径研究［M］，2010．

［14］陈柳钦．产业集群：可扩展的跨越式发展模式［J］．中国经济时报，2007（1）．

［15］陈柳钦．产业集群与城市功能优化［J］．内蒙古师范大学学报（哲学社会科学版），2008（1）．

［16］陈柳钦．产业集群与城市化：基于外部性视角［J］．大连理工大学学报（社会科学版），2004（4）．

［17］陈文锋，平瑛．上海金融产业集聚与经济增长的关系［J］．统计与决策，2008（10）．

［18］程伟．东北老工业基地改造与振兴研究［M］．北京：经济科学出版社，2009．

［19］崔万田．东北老工业基地振兴与区域经济创新［M］．北京：经济管理出版社，2008．

［20］崔万田．中国东北区域振兴与东北亚区域合作前景［J］．经济学动态，2004（3）．

［21］丁晓宇．崛起方略——八大城市集群规划［M］．北京：中国文联出版社，2007．

［22］方创琳，姚士谋，刘盛和．2010中国城市群发展报告［M］．北京：科学出版社，2011．

［23］冯云廷．城市化过程中的城市聚集机制［J］．经济地理，2005（6）．

［24］冯云廷．城市聚集经济［M］．大连：东北财经大学出版社，2011．

［25］冯云廷．聚集经济效应与我国城市化的战略选择［J］．财经问题研究，20，4（9）．

［26］葛立成．业集聚与城市化的地域模式——以浙江省为例［J］．

中国工业经济，2004（1）.

[27] 耿乃国，王永刚. 中国城市群经济规模效应研究［M］. 北京：北京师范大学出版社，2011.

[28] 何传启. 中国现代化报告2013——城市现代化研究［M］. 北京：北京大学出版社，2014.

[29] 黄亮，王馨竹，杜德斌，等. 国际研发城市：概念，特征与功能内涵［J］. 城市发展研究，2014（2）.

[30] 黄征学. 空间结构要素的内涵及内在的逻辑关系［J］. 发展研究，2012（12）.

[31] 黄征学. 促进辽中南城市群发展研究［J］. 中国区域经济，2014（2）.

[32] 李佳洺，孙铁山，张文忠. 中国生产性服务业空间集聚特征与模式研究——基于地级市的实证分析［J］. 地理科学，2016（4）.

[33] 李仙德、宁越敏. 城市群研究述评与展望［J］. 地理科学，2012（3）.

[34] 李艳波，郭肖华. 海西文化创意产业集群的集聚模式与发展策略［J］. 厦门理工学院学报，2011（2）.

[35] 梁琦. 产业集聚论［M］. 北京：商务印书馆，2004.

[36] 辽宁省统计年鉴2010［M］. 北京：中国统计出版社，2010.

[37] 廖志明. 高新技术产业集群模式的实证研究——以长株潭城市群为例［J］. 经济地理，2007（7）.

[38] 林岗，黄泰岩. 三元经济发展模式［M］. 北京：经济科学出版社，2007.

[39] 林木西. 东北老工业基地制度创新［M］. 沈阳：辽宁大学出版社，2009.

[40] 林其屏. 从行政区经济向经济区经济转化：我国区域经济快速发展的必然选择［J］. 经济问题，2005（2）.

[41] 刘冰峰. 文化创意产业集聚模式的探索与构建［J］. 商业经济研究，2013（20）.

[42] 刘恒江、陈继祥. 国外产业集群政策研究综述 [J]. 外国经济与管理, 2004 (11).

[43] 刘乃全, 吴友, 赵国振. 专业化集聚、多样化集聚对区域创新效率的影响——基于空间杜宾模型的实证分析 [J]. 经济问题探索, 2016 (2).

[44] 刘鹏, 张运峰. 产业集聚、FDI 与城市创新能力——基于我国 264 个地级市数据的空间杜宾模型 [J]. 华东经济管理, 2017 (5).

[45] 刘荣增. 城镇密集区发展演化机制与整合 [M]. 北京: 经济科学出版社, 2003.

[46] 刘士林, 等. 中国城市群发展指数报告 (2013) [M]. 北京: 社会科学文献出版社, 2013.

[47] 刘向南, 许丹艳. 城乡统筹发展背景下的集体建设用地规划管理研究 [J]. 城市发展研究, 2010 (9).

[48] 刘艳军, 等. 城市群发展的产业集群作用机制探析 [J]. 规划师, 2006 (3).

[49] 刘艳军, 等. 东北地区产业结构升级城市化响应的历史路径及其驱动因素分析 [J]. 经济发展研究, 2006 (6).

[50] 刘玉. 基于功能定位的北京区域产业发展格周分析 [J]. 城市发展研究, 2013 (10).

[51] 吕承超, 商圆月. 高技术产业集聚模式与创新产出的时空效应研究 [J]. 管理科学, 2017 (2).

[52] 吕韬, 曹有挥. "时空接近" 空间自相关模型构建及其应用——以长三角区域经济差异分析为例 [J]. 地理研究, 2010 (2).

[53] 吕韬, 姚士谋, 曹有挥, 等. 中国城市群区域城际轨道交通布局模式 [J]. 地理科学进展, 2010 (2).

[54] 吕怿南. 辽中南城市群发展研究 [J]. 经济研究导刊, 2011 (10).

[55] 吕玉印. 城市发展的经济学分析 [M]. 上海: 上海三联书店, 2000.

［56］马凤鸣．城市功能定位分析［J］．长春大学学报，2012（1）．

［57］孟韬．企业集群战略：东北老工业基地振兴的新探索［J］．社会科学辑刊，2004（3）．

［58］孟祥林．聚集均衡变动与城市空间扩展的经济学分析［J］．广州大学学报（社科版），2007（2）．

［59］苗长虹、王海江．中国城市群发展态势分析［J］．城市发展研究，2005（4）．

［60］闵雪．产业布局优化与沈阳经济区发展研究［D］．沈阳理工大学硕士论文，2013．

［61］牛文元．从点状拉动到组团式发展——未来20年中国经济增长的战略思考［J］．中国科学院院刊，2003（4）．

［62］彭震伟等．长江三角洲城市群发展演变及其总体发展思路［J］．上海城市规划，2014（2）．

［63］乔彬等．城市群形成的产业机理［J］．经济管理，2006（22）．

［64］秦尊文．长江中游城市群构建［M］．武汉：湖北人民出版社，2010．

［65］青木昌彦．比较制度分［M］．上海：上海远东出版社，2001．

［66］仇保兴．我国城镇化高速发展期面临的若干挑战［J］．城市发展研究，2003（6）．

［67］申兵．城市群产业结构及空间分布的特点［J］．中国经济时报，2007（3）．

［68］沈玉芳．长江三角洲一体化发展态势、问题和方向［J］．中国经贸，2004（2）．

［69］史长俊．辽宁沿海经济带与沈阳经济区协同发展研究［D］．吉林大学博士论文，2012．

［70］司林杰．中国城市群内部竞合行为分析与机制设计研究［D］．西南财经大学，2014．

［71］司增绰，张亚男．科技服务业集聚对制造业发展的影响——基于江苏省 13 个地级市的面板数据分析［J］．商业经济研究，2017（7）．

［72］四川省统计年鉴 2010［M］．北京：中国统计出版社，2010．

［73］苏东水．产业经济学［M］．北京：高等教育出版社，2000．

［74］苏雪串．城市化进程中的要素集聚、产业集群和城市群发展［J］．中央财经大学学报，2004（1）．

［75］孙艳萍，胡开顺．基于区域集聚多动态联盟体系的产业集群模式［J］．经济体制改革，2003（2）．

［76］谈步稳，马璇．城乡统筹规划中城乡发展权转移研究［J］．现代城市研究，2010（5）．

［77］唐伟，钟祥浩．成都都市圈县域经济时空差异及空间结构演变［J］．长江流域资源与环境，2010（7）．

［78］涂文明，曹邦英．增长极战略的实现机制与中国实践模式的重构［J］．当代财经，2012（9）．

［79］汪江龙．首都城市功能定位与产业发展互动关系研究［J］．北京市经济管理干部学院学报，2011（4）．

［80］汪世银．区域产业结构调整与主导产业选择研究［M］．上海：上海人民出版社，1996．

［81］王缉慈．创新的空间——企业集群与区域发展［M］．北京：北京大学出版社，2001．

［82］王洛林，魏后凯．东北地区经济振兴战略与政策［M］．北京：社会科学文献出版社，2005．

［83］王先庆，武亮．现代服务业集聚的模式与结构机理研究［J］．商业研究，2011（11）．

［84］王晓玲．城市化内质性规律探究［J］．城市发展研究，2006（2）．

［85］王一鸣．长江三角洲区域经济整合的体制和机制问题［J］．宏观经济研究，2004（3）．

[86] 韦亚平. 大都市区化的空间分工机制——兼论中国城市化的空间政策转向 [J]. 城市发展研究, 2006 (4).

[87] 吴丰林, 方创琳, 赵雅萍. 城市产业集聚动力机制与模式研究进展 [J]. 地理科学进展, 2010 (10).

[88] 吴福象, 王新新. 行业集中度、规模差异与创新绩效——基于 GVC 模式下要素集聚对战略性新兴产业创新绩效影响的实证分析 [J]. 上海经济研究, 2011 (7).

[89] 吴勤堂. 产业集群与区域经济发展耦合机理分析 [J]. 管理世界, 2006 (11).

[90] 吴先华, 王志燕, 雷刚. 城乡统筹发展水平评价——以山东省为例 [J]. 经济地理, 2010 (4).

[91] 吴翔阳. 产业自组织集群化及集群经济研究 [M]. 北京: 中共中央党校出版社, 2006.

[92] 吴晓明, 杨力, 刘琳. 能源产业集聚与经济增长的动态关系研究——基于四川省油气产业的面板数据分析 [J]. 经济体制改革, 2016 (6).

[93] 夏维力、李博. 群效应——从产业集群到城市群 [M]. 西安: 西安工业大学出版社, 2007.

[94] 项文彪, 陈雁云. 产业集群、城市群与经济增长——以中部地区城市群为例 [J]. 当代财经, 2017 (4).

[95] 肖金成, 李娟, 马燕坤. 京津冀城市群的功能定位与合作 [J]. 经济研究参考, 2015 (1).

[96] 徐康宁等. 长三角城市群: 形成、竞争与合作 [J]. 南京社会科学, 2005 (5).

[97] 徐林发. 区域工业化与城市化的互动发展 [M]. 广州: 广东人民出版社, 2006.

[98] 徐维祥等. 产业集群与工业化、城镇化互动发展模式研究 [J]. 经济地理, 2005 (6).

[99] 薛东前, 孙建平. 城市群体结构及其演进 [J]. 人文地理,

2003 (4).

[100] 薛东前，王传胜. 城市群演化的空间过程及土地利用优化配置 [J]. 地理科学进展，2002.

[101] 薛东前. 关中城市群的功能联系与结构优化 [J]. 经济地理，2000 (6).

[102] 薛凤旋. 都会经济区：香港与广东共同发展的基础 [J]. 经济地理，2000 (1).

[103] 杨勇. 都市圈经济一体化理论与实践 [M]. 北京：经济科学出版社，2013.

[104] 姚士谋，李青，武清华，等. 我国城市群总体发展趋势与方向初探 [J]. 地理研究，2010 (8).

[105] 姚士谋. 中国城市群 [M]. 北京：中国科学技术大学出版社，1992.

[106] 叶玉瑶，张虹鸥. 珠江三角洲城市群空间集聚与扩散 [J]. 经济地理，2007 (5).

[107] 叶玉瑶. 城市群空间演化动力机制初探——以珠江三角洲城市群为例 [J]. 城市规划，2006 (1).

[108] 叶裕民，陈丙欣. 中国城市群的发育现状及动态特征 [J]. 城市问题，2014 (4).

[109] 于斌斌. 中国城市生产性服务业集聚模式选择的经济增长效应——基于行业、地区与城市规模异质性的空间杜宾模型分析 [J]. 经济理论与经济管理，2016 (1).

[110] 郁鸿胜. 长三角城市群综合竞争力决定中国发展的未来 [J]. 文汇报，2006 (4).

[111] 郁鸿胜. 城市群制度创新之重点 [J]. 国际金融报，2004 (9).

[112] 张鸿雁、张登国. 城市定位论——城市社会学理论视野下的可持续发展战略 [M]. 南京：东南大学出版社，2008.

[113] 张学良. 2013 中国区域经济发展报告 [M]. 北京：人民出版社，2013.

[114] 张学良. 中国区域经济转变与城市群经济发展 [J]. 学术月刊, 2013 (7).

[115] 张云飞. 城市群内产业集聚与经济增长关系的实证研究——基于面板数据的分析 [J]. 经济地理, 2014 (1).

[116] 赵林, 韩增林, 马慧强. 中原经济区城市内在经济联系分析 [J]. 经济地理, 2013 (3).

[117] 赵伟, 张萃. 市场一体化与中国制造业区域集聚变化趋势研究 [J]. 数量经济技术经济研究, 2009 (2).

[118] 赵勇, 白永秀. 国外城市群形成机制研究述评 [J]. 城市问题, 2009 (7).

[119] 赵勇, 白永秀. 中国城市群功能分工测度与分析 [J]. 中国工业经济, 2012 (11).

[120] 周学仁, 刘薇娜. 李雨果. 辽宁沿海经济带对外开放与产业升级关系研究 [J]. 东北财经大学学报, 2015 (9).

[121] 周扬, 王红扬, 冯建喜, 等. 试论城乡统筹下的都市区城乡用地分类 [J]. 现代城市研究, 2010 (07).

[122] 朱英明, 童毛弟. 中国城市群整体竞争力研究 [M]. 北京: 经济管理出版社, 2010.

[123] Arthur O. Sullivan, "Urban Economics Domestic" [A]. Mc Graw – Hill Colledge, 1999.

[124] Abdel – Rahman, H. M. and Fujita, M.. Product Variety, Marshallian Externalities, and City Sizes [J]. Journal of Regional Science, 1990.

[125] Abdel – Rahman, H. M. City Systems: General Equilibrium Approaches. In Jean – Marie. Huriotand Jacques – Francois Thisse (eds.): Economics of Cities: Theoretical Perspectives. Cambridge [M]. Cambridge University Press, 2000.

[126] Ade Kearns, Ronan Paddison. New Challenges for Urban Governance: Introdution to The Review Issue [J]. Urban Studies, Vol. 37, 2000.

[127] Akamatsu K. A Historical Pattern of Economic Growth in Developing Countries, The Developing Economics [J]. Preliminary Issue, 1962 (1).

[128] Albert Sole – Olle. Central Cities As Engines of Metropolitan Area Growth [J]. Journal of Regional Science, 2004.

[129] AlonsoVillar, Olga. Spatial Distribution of Production and International Trade: ANote [J]. Regional Science and Urban Economics, 1999.

[130] Amiti, M. Trade Liberalization and the Location of Manufacturing Firms [J]. World Economy, 1998.

[131] Anas, A., Arnott, R. and Small, A. Urban spatial structure [J]. Journal of Economic Literature, 1998 (36).

[132] Anna Fräßdorf, Markus M. Grabka, Johannes Schwarze. The impact of household capital income on income inequality—a factor decomposition analysis for the UK, Germany and the USA [J]. Journal of Economic Inequality, Online First, 11 January 2010.

[133] Arthur O. Sullivan. Urban Economics Domestic [A]. Mc Graw – Hill Colledge, 1999.

[134] Audretsch, D. B. Agglomeration and the location of innovativeaetivity [J]. Oxfor Review of Economic Policy, 1998 (14).

[135] Baldwin R., Forslid R., & Martin P. et al. Economic Geography and Public Policy [M]. Princeton: Princeton University Press, 2003.

[136] Batton, D. F. Network Cities Creative Urban Agglomeration for the 21 Century [J]. Urban Studaies, 1995.

[137] Behrens, K. Agglomeration without trade: how non-traded goods shape the space-economy [J]. Journal of Urban Economics, 2004.

[138] Belal N. Fallah, Mark Partridge. The elusive inequality economic growth relationship: Are there differences between cities and the countryside? [J]. The Annals of Regional Science, 2007 (2).

[139] Black, D. and V. Henderson. A theory of urban growth [J].

Journal of Political Economy, 1999.

[140] Cantwell, John and Tolentino, Paz Estrella. Technological Accumulation and Third World Multinationals [J]. International Investment and Business Studies, No. 139, 1990.

[141] Castells M. The Information City: Information Technology, Economic Restrueturingand the Urban Regional Proeess [M]. Oxford UK & Cambridge USA: Blaek Well, 1989.

[142] Castells. M. High Teehnology, Economic Restructuring and the Urban Regional Process in the United States [A]. Castells. M. High Technology, Spaces and Soeiety [C]. California: Stage Publieations, 1985.

[143] Chiara Gigliarano, Karl Mosler. Constructing Indices of Multivariate Polarization [J]. Journal of Economic Inequality, 2009 (7).

[144] Coleman, James. Social Capital in the Creation of Human Capital [J]. Ameriean Journal of Sociology, 1988 (94).

[145] Dunning J. H. Multinational Enterprises and the Global Eeonomy [M]. Wokingham: Addison Wesley, 1993.

[146] Dunning. J. The Paradigm of International Produetion [M]. Journal of International Business Studies, 1988.

[147] Duranton, G. and Puga, D.. From Sectoral to Functional Urban Specialization [A]. NBER Work in Paper, 2002 (8).

[148] E. Borensztein, J. De Gregorio, J - W. Lee. How does foreign investment affeet economic growth [J]. Journal of international economics, 1998 (45).

[149] EdwardL. Glaeser, Triumphof City: How Our Greatese Inwention Makes UsRicher, Smarter, Greener, Healthier, and Happier [J]. Penguin Press HC, 2011.

[150] Englman, F. C. and U. Walz. Industrial centers and regional growth in the presence of local inputs [J]. Journal of Regional Science, 1995, (35).

[151] Fujita, M., Krugman, P. and Vensbles, A. J. The Spatial Economy: Cities, Regions, and International Trade. Cambridge [M]. MIT Press, 1999.

[152] Fujita, M. and Thisse, J. - F. Economics of Agglomeration: Cities, Industrial Location and Regional Growth. Cambridge [M]. Cambridge University Press, 2002.

[153] Fujjta M., Krugman P. The new economic geography: Past present andfulture [J]. Papers in Regional Science, 2004 (83).

[154] Fujjta M. Spatial Economics. Cheltenham: Edward Elger [J]. Forthcoming, 2005 (17).

[155] Gleaser, E. L., Kallal, H. D., Scheinkman, J. and Schleifer, A. Growth in Cities [J]. Journal of Political Economy, 1992.

[156] Gottmann, J. Megalopolis, or the Urbanization of Northeastern Seaboard [J]. Economic Geography, 1957.

[157] Hardi, Garrett. The Tragedy of the Commons [J]. Seience, 1968 (168).

[158] Harry W. Richardson. Urban Economics [M]. Dryden Press, 1978.

[159] Hayter R. The dynanlics of industrial location: The factory, the firm and the produetion systems [M]. New York: Joh Wiley & Sons Ltd, 1997.

[160] Heenan D. Global Cities of Tomorrow [J]. Harvard Bussiness Review, 1977.

[161] Helsey, R. W. and Strange, W. C. Matching and Agglomeration Economies in a System of Cities [J]. Regional Science and Urban Economics, 1990.

[162] Henderson, J. V. and Becker R. Political Economyof City Sizes and Formation [J]. Journal of Urban Economics, 2000.

[163] Henderson, V. Ways to Think about Urban Concentration: Neo-

classical Urban Systems Versus the New Economic Geography [J]. Internal Regional Science Review, 1996.

[164] Henri Lefebvero. Everyday life in the modern world [M]. Tr. Saeha Rabinovitch, London 971.

[165] Hwang. Why do Korean Firms Invest in the EU Evidence from FDI in the Peripheral Regions [A]. EI Working Pa Per [Z]. 2003.

[166] Keilh Head, John Rics. Deborah Swenson Agglomeration benefits and location choice: Evidence fromJapanese manufacturing investments in the United States [J]. Journal of International Eeonomics, 1995 (38).

[167] Kelly and Philippatos. Comparative Analysis of the Foreign Investment Evaluation Praetiees by US based Manufacturing Multinational Companies [J]. Journal of International Business Studies, 1982.

[168] Klmienko M. Competition, matching, and geographical clustering at early stages of the industry life cyele [J]. Journal of Economics and Business, 2004, 56 (3).

[169] Kojima K. The Flying geese model of Asian Economic Development: Origin, theoretieal Extension, and Regional Poliey Implieations [J]. Journal of Asian Eeonomies, 2000 (11).

[170] Krugman, P. Increasing Returns and Economic Geography [J]. Journal of Political Economy, 1991.

[171] Leonardo Monteiro Monasterio. Brazilian spatial dynamics in the long term (1872 – 2000): "path dependency" or "reversal of fortune"? [J]. Journal of Geographical Systems, 2010 (1).

[172] Michael E. Porter the Competitive Advantage of Nation [M]. New York: Free Press, 1990.

[173] Michael Finus. Game Theory and Intemational Environmental Cooperation. 93 World Multinationals [C]. University of Reading, Discussion Papers in International Investment and Business Studies, No. 139, 1990.

[174] Pan, Z. and Zhang, F. Urban Productivity in China [J]. Urban

Studies, 2002.

[175] Porter, M. E. The Competitive Advantage of Nations [M]. New York: Free Press, 1990.

[176] Porter. M. The Competitive of Advantage of Nations [M]. The Free press, 1990.

[177] Poter, M. Clusters and the new economics of competition [J]. Harvard Business Review, 1998.

[178] Robin M. Leichenko. Growth and Change in U. S. Cities and Suburbs [J]. Growth and Change, 2001.

[179] Rubiana Chamarbagwala. Economic liberalization and urban-rural inequality in India: A Quantile Regression Analysis [J]. Empirical Economics, 2010, 39 (2).

[180] Thomas A. Garrett, Gary A. Wagner, David C. Wheelock. Regional disparities in the spatial correlation of state income growth, 1977 – 2002 [J]. The Annals of Regional Science, 2007 (3).

[181] Whitney, Vincent Heath. Megalopolis: The Urbanized Northeastern Seaboard of the United States [J]. American Sociological Review, 1962, Vol. 27.

[182] William E. Rees. Ecological Footprints and Appropriated Carrying Capacity. What Urban Eeonomies leaves Out [J]. Environment and Urbanization, Vol. 4, No. 2, 10. 1992.

后　　记

冬去春来，等待夏长秋收，四季轮转，静候学业初成。

20 岁步入大学，七年后攻读硕士学位，硕士毕业四年后攻读博士学位。从历史学到法学又到经济学，不知不觉人入中年。古人说，四十不惑。这话我正在品味着：奋斗过，空虚过；得到过，也失去过；从仰望星空的踌躇满志，到心静如水的意得志满。人生苦短，岁月不更；智者知其所能有限，钝者则感其所悟无极。

书稿至此，终于完成了写作。

首先要说的是感谢在我的书稿写作期间给予我帮助的所有人，真诚地感谢我的导师林木西教授。

回想当初课题立项时的情景，历历在目。无数个日夜奋斗、煎熬，换来了十几万字的书稿。如今初尝专心学术后的收获果实，内心充实，也充满了喜悦之情。在此，我想将这种喜悦与所有帮助过我的人分享，他们是我的导师、我的同学、我的亲人，还有我的同事们。

书稿的写作并不是一帆风顺的。从开始立项到完成写作，其中题目更换了三次，内容也是几番修改，最令人揪心的是身陷庞杂的文献资料之中无法自拔。最后硬着头皮找到导师，导师耐心地了解了具体情况，详细地向我传授了一些文献整理方法，并对书稿的写作思路提出了建设性的建议和意见。导师热情地鼓励我，使我感受到了温暖的力量，导师的思路和建议更使我豁然开朗，迈入了开始写作的大门。在正式进入书稿写作期间，无论是在忙碌的白天还是在安静的夜晚，我遇到的每一个问题都得到了导师的及时回答和帮助。导师的辛苦不言而喻，而导师渊博的学识、高尚的人格魅力、严谨踏实的治学态度也使我终生受益，是我今后学习和工作的楷模。在此，对导师再次表示感谢。

在书稿写作过程中，由于书稿涉及的专业领域比较多，既有地理知识，又有数学知识、金融会计知识等。所以写作中会遇到各种难题。每遇到这些问题，我就会请教经济学院赵德起教授、和军教授、王璐副研究员，公共管理学院陈曦等多位老师，使我增长了专业知识，开阔了学术视野，我以后要努力将这些知识运用到我的工作学习生活中去。另外，由于研究需要，辽宁省统计局的赵继芳老师为书稿提供了大量珍贵的数据，为书稿的写作提供了巨大的支持，在此一并表示感谢。

我还要特别感谢辽宁大学纪委的领导和同事，是学校给我这样一个难得的上进的机会，使我有幸能够到经济学院学习和深造，去开拓自己的视野、提升自己能力。

不忘初心，"爱"使我努力奋斗，自强不息。特别感谢我的父母对我的养育之恩和无私奉献，陪我四十载春秋冬夏。感谢我妻子的理解与支持，为了让我安心学习，没有后顾之忧，付出了很多时间和精力，为我生养女儿。还要感谢我的两个女儿：鸿博和玉博，她们在我博士生涯中与我一同成长，带给我欢乐、幸福和责任。

最后，非常感谢审阅此书稿的所有老师和专家，感谢他们在百忙之中抽出宝贵时间来审阅我的书稿。

雷智中

二〇二〇年十二月